中青年经济学家文库

居民阶梯电价结构设计、效应评估与政策启示

Mechanism Design, Effect Assessment and Policy Implication of Residential Block Tariff

田露露 著

中国财经出版传媒集团

经济科学出版社

Economic Science Press

图书在版编目（CIP）数据

居民阶梯电价结构设计、效应评估与政策启示/
田露露著 . —北京：经济科学出版社，2018.3
ISBN 978 – 7 – 5141 – 9198 – 1

Ⅰ . ①居… Ⅱ . ①田… Ⅲ . ①电价 – 用电管理 –
研究 – 中国 Ⅳ . ①F426. 61

中国版本图书馆 CIP 数据核字（2018）第 070893 号

责任编辑：李晓杰 赵 岩
责任校对：王苗苗
责任印制：李 鹏

居民阶梯电价结构设计、效应评估与政策启示
田露露 著
经济科学出版社出版、发行 新华书店经销
社址：北京市海淀区阜成路甲 28 号 邮编：100142
总编部电话：010 – 88191217 发行部电话：010 – 88191522
网址：www. esp. com. cn
电子邮件：esp@ esp. com. cn
天猫网店：经济科学出版社旗舰店
网址：http：//jjkxcbs. tmall. com
北京财经印刷厂印装
880 × 1230 32 开 6.5 印张 170000 字
2018 年 4 月第 1 版 2018 年 4 月第 1 次印刷
ISBN 978 – 7 – 5141 – 9198 – 1 定价：26.00 元
（图书出现印装问题，本社负责调换。电话：010 – 88191510）
（版权所有 侵权必究 举报电话：010 – 88191586
电子邮箱：dbts@ esp. com. cn）

前　　言

作为一种非线性定价，阶梯定价在日常商品定价中较为常见。相对于统一（线性）定价的不变价格，阶梯定价的价格能够随着消费量的变化而变化。当随着消费量的增加而降低时，为递减式阶梯定价；当随着消费量的增加而提高时，为递增式阶梯定价。一般而言，普通商品希望通过一定价格折扣促进销售时，会采用递减式定价，而在较为稀缺的资源、能源领域，为达到节约等目标时，更多地实行递增式阶梯定价。

早在20世纪80年代，递增式阶梯定价就在美国的居民用水、用电等领域得到大范围应用，随后蔓延到其他国家和地区。据不完全统计，截至2015年，已有16个国家在电力定价中应用此种定价机制。2012年，为了解决长期存在的"交叉补贴"，同时也是希望利用价格杠杆实现节能减排，中国正式在居民用电领域引入递增阶梯定价。

递增阶梯定价的大范围流行主要源于能兼顾效率与公平双重目标，即经济性与社会性目标。在经济性目标方面，较统一定价而言，递增阶梯定价能够保证厂商成本、利润的合理收回与实现，同时也会使得厂商有动力改进自身的生产效率；另外，递增阶梯定价还能更好地反映市场信息，调节市场需求，起到价格信号的作用。在社会性目标方面，低档上低价格与基本消费量的设置，能够保障居民（特别是低收入家庭）的基本生活需求，即公平性（平等性）目标；而消费越多价格越高的特点则能够起到节约资源的作用，间接起到收入再分配作用。

从理论上讲，递增阶梯定价能够达到社会性与经济性的双重目标，且国外许多文献也论证了其能有效改善统一定价下无法解决的问题。但由于社会、文化、地理等差异，加之中国现有的电力体制改革背景与社会状况，相关结论是否适用于中国，或者说递增阶梯定价能否真正有效解决中国电力体制长期存在的问题，递增阶梯定价的实施效果与实现程度如何等，都需要在具体情形下进行详细、严谨地分析与论证，以评估定价方式和定价结构带来的影响。因此，本书主要研究了递增阶梯定价在居民用电领域的实施结构及实施效果，重点分析其对居民用电行为的影响以及相关目标的实现程度。

本书的主要内容：首先，给出阶梯定价内涵（包括概念、特点、形式等）和文献综述，使读者对阶梯定价及其研究方法在理论上有较为基本、系统的了解和认识；其次，本书分析了阶梯电价在居民用电领域的实施背景、现状和影响因素；再次，重点研究了递增阶梯电价对消费者行为的影响，并探讨相关原因；最后，则从福利视角研究递增阶梯电价所带来的再分配效应和效率损失，并进一步研究了峰谷与阶梯相组合的形式所带来的影响。

本书研究发现，在定价结构设计上，不同国家和地区有很大差别。但总体来看，有一定规律可循：（1）定价结构在 2~8 档不等，大部分地区集中在 2~5 档，且发达国家递增阶梯电价的档数设置一般低于发展中国家；（2）在 2 档及以上，档数越高，每档电量与电价在设置上较首档的倍数就越高，且同档次上，发达国家和地区的电量和电价较首档的倍数要低于发展中国家；（3）现有样本中，中国在亚洲国家和地区中的电量倍数最高且电价倍数最低，即在每档电量较首档的幅度提高较大的同时，电价也上升得最为缓慢，结构设计最为平缓；（4）与国外相比，国内阶梯电价在价格和电量的倍数设置上都小于国际平均水平，同时也小于邻近地区和发展中地区水平；（5）一个国家或地区的基尼系数和居民平均用电价格在阶梯电价引入方面起显著影响：基尼系数越高，阶梯电价引入几率越大，平均用电价格越高，引入几率越小；（6）全社会人均用电量、平均温度、最高档电价较首档倍数以及居民平均用电价格都对档数设置有较大影响，用电量、温度和倍数越高，档数也越高，平均用电价格越高，档数越低。

在研究递增阶梯电价实施对居民用电行为影响和福利变化的分析中，本书发现：（1）递增阶梯电价的引入使得居民用电需求弹性的数值变化较大，由统一定价下的 -0.312 变为引入后的 -1，对居民用电行为产生了影响；（2）通过排除其他可能潜在因素以及引入交叉项进行识别后，显示定价结构差异造成了此情况的发生，即相对统一定价，递增阶梯定价（increaing block pricing，IBP）特殊的定价结构使得居民对用电量更关注，使用上也更谨慎；（3）IBP 实施后，再分配效应虽然有一定实现，但程度较弱，需要借助其他措施才能强化，收入再分配也造成了部分居民福利上的损耗；（4）不同定价结构之间的功效可能会相会抵消，阶梯定价中嵌入分时定价可能会削弱公平效应，不利于收入再分配目标的达成。

除了用电领域，国内在用水、用气等其他一些紧缺型、资源型领域也开始实行递增阶梯定价制度，一些收费领域（如停车收费）也在商讨实施。因此，对其实施机制与实施效果的研究十分必要且迫切，本书在一定程度上弥补了相关空白，研究结果对其他领域的引入也具有一定借鉴意义。

田露露

2018 年 3 月

目　　录

第1章　导论 ……………………………………………………… 1

1.1　选题背景与研究意义 ………………………………… 1

1.2　研究内容与研究方法 ………………………………… 11

1.3　创新与不足 …………………………………………… 14

第2章　阶梯定价理论：内涵界定与文献述评 ……………… 17

2.1　内涵界定 ……………………………………………… 17

2.2　文献述评 ……………………………………………… 34

2.3　小结 …………………………………………………… 50

第3章　阶梯电价结构设计：国际审视与档数验证 ………… 53

3.1　阶梯电价国际审视 …………………………………… 53

3.2　影响因素与档数验证 ………………………………… 82

3.3　小结 …………………………………………………… 94

第4章　阶梯电价下的需求变动：弹性估计与成因解析 …… 97

4.1　阶梯电价下的需求 …………………………………… 98

4.2　理论与模型构建 ……………………………………… 101

4.3　居民用电需求估计 …………………………………… 116

4.4　小结 …………………………………………………… 133

第5章 阶梯电价下的福利评估：再分配效应与效率损失 ······ 136

5.1 阶梯电价下的福利 ··············· 137

5.2 福利评估模型构建 ··············· 138

5.3 再分配与效率成本估计 ··············· 144

5.4 小结 ··············· 159

第6章 研究结论、政策启示与研究展望 ··············· 162

6.1 研究结论 ··············· 162

6.2 政策启示 ··············· 164

6.3 研究展望 ··············· 169

参考文献 ··············· 171

致谢 ··············· 195

第 *1* 章

导　论

1.1
选题背景与研究意义

　　2003 年，《电价改革方案》的出台使电力领域的价格改革再次进入公众视野。此后，国家发展和改革委员会（以下简称发改委）依据方案的目标、原则，并针对实际情况，对电力价格（包括上网电价、销售电价等）进行了大大小小十多次调整（截至 2016 年 1 月），其范围之广、幅度之大，从未有之。对电力行业以及整个社会的生产和生活都带来了显著影响。

　　但作为电力价格领域的一部分，生活用电价格并未在历次调整中有较大变化。究其原因，是为了尽量减少用电支出在居民收入中的占比，保证居民正常生活不受影响。然而，这在长期内也造成了诸多不合理状况，比如价格机制不顺畅、"交叉补贴"、电力浪费等现象。2012 年 7 月，为解决相关问题并实现相应政策目标，同时，进一步引导居民合理用电、节约用电，发改委决定在居民用电领域引入阶梯定价政策。

1.1.1 选题背景

（一）问题提出

中国是一个人口众多、人均资源十分匮乏的国家。在主要能源、资源中，中国的石油、天然气不足世界平均水平的1/10，人均水资源占有量只有世界平均水平的1/4，即使相对丰富的煤炭资源，人均储量也不到世界平均水平的40%。改革开放以来，伴随着中国经济、社会的持续快速发展，资源约束、环境污染、气候变化等一系列挑战接踵而至，从长期发展方式和中国面临的资源、能源供需形势看，中国未来可选择的只能是"科技含量高、经济效益好、能源消耗低、环境污染少"的经济发展模式。此目标的实现，与尽快形成节约资源、保护环境的全民意识有关。而促进全民意识的形成与经济发展方式的转变主要还是靠经济手段，其中，价格机制是最重要的经济杠杆。阶梯定价本身具有的激励机制和多重工具性，将有助于形成节能减排的社会共识，促进资源节约型、环境友好型社会的建设。

因此，2012年对中国居民用电领域的定价机制改革，其目的并不是提高居民用电成本，而是有其他更为重要的社会性意义。发改委表示，引入阶梯定价制度是利用价格杠杆促进节能减排的一次实践。之所以选择居民用电环节，在于其长期存在的"交叉补贴"现象、低电价等情况，同时还希望能够促进居民节约意识的形成。

中国阶梯电价机制制定的初衷就是在能源价格不断上涨的过程中保证居民的基本用电需求不受影响，同时促进全民节约意识的形成。实施除了能为其他资源性产品的价改提供经验外，还能充分反映市场需求情况和资源稀缺程度。另外，通过对非基本用电需求实行较高电价，同一省份不区分农村、城市划分电量分档，对困难群体给予一定免费用电量等方式，实现"富人补贴穷人，城市反哺农村"，既保障基本需求，又抑制过度消费，特别是保障困难群众基本生活的目的，体现了公平正义的原则。一些地区在阶梯电价实施的基础上还辅以峰谷分时定价，以引导终端用户的用电行为，提高电网安全以及负荷率水平。

国外许多文献论证了阶梯定价会有效改善统一定价下无法解决的低效率等问题。然而，在中国此种论点是否适用？阶梯定价的实施能否会达到预期的效果和政策目标？其对居民电力消费行为带来何种影响？这些都是值得深入探讨的问题，国内学术界还鲜有文献对其进行论证。对这些问题的分析会为以后的电价改革提供极为重要的指导与参考意义。

（二）电力领域市场化改革

阶梯定价在国内相关资源、能源领域的应用正在如火如荼地进行，除了电力领域，自来水、天然气等领域也在陆续实行此种收费方式。而居民生活用电领域的率先实施与重新掀起的电力市场改革密不可分。

1. 电力体制改革

新中国成立后，中国的电力市场改革一直为社会各界所关注和讨论，不同时期关注的重点与改革的内容都有较大的不同，大体经历了 1949～1978 年、1978～1996 年、1997～2001 年、2002 年至今四个阶段。1949～1978 年的 30 年属于计划经济时期，中国对电力工业实行集中管理的体制，虽然进行了几次调整，但从未真正取得显著效果。

1978～1996 年，在国务院批示下，中国先后成立了华北电业管理局、西北电业管理局、华中电业管理局、西南电业管理局，确立了对全国电力的统一管理。为了满足巨大的电力需求市场，国家于 1984 年鼓励各地集体企事业单位、国企以及各部门参加电力工程建设，这一政策极大地鼓励了缺电地区投资办厂的积极性。随后国家又增加了电网的装机容量，改善了电网电压，并加强了水、火电之间的经济调度，提高了火电机组的发电比重。1986 年，电力体制改革小组成立，提出了《加快电力工业发展的改革方案（草案）》的报告，对电力工业体制改革提出了措施及政策。1987 年国务院提出"政企分开、省为实体、联合电网、统一调度、集资办电"的方针和"因地因网制宜"的原则，为电力工业改革明确了方向。由于电力投资由拨改贷，地方办电资金缺乏，政府建立了电力建设基金、卖用电权和集资办电办法，并开始允许外商投资电力项目。电力市场形成多元化投资主体，调动了多方办电的积极性。1988 年国务院率先对华东电网体制进行改革试点，成立了华东电力联合公司，并在上海市、江苏省，浙江省、安徽省设立电力公司，保留华东电业管理局以及所属省市的电力工业局，实行电力监管双轨制。

1997 年，国家电力公司成立，标志着第二轮电力改革拉开了序幕。1998 年国家撤销了电力工业部，电力行政部分由国家经贸委进行管理，开始在中央全面实行政企分开，实现了电力工业管理体制由计划经济向市场经济过渡的历史性转折。尽管集资办电制度下的中国已形成多家办电的局面，但是政府对中国的电力市场调控力度依然很强，市场化程度较低。1998 年国家电力公司推出"政企分开、省为实体"和"厂网分开，竞价上网"的"四步走"改革策略。国务院要求电力产业进一步打破垄断，引入竞争，推行厂网分开、竞价上网的改革，建立规范有序的电力市场，并确定山东、上海、浙江、黑龙江、吉林和辽宁 6 省市进行厂网分开、竞价上网的试点。

2002 年 2 月，国务院下发《关于印发电力体制改革方案的通知》，决定启动以"厂网分开，竞价上网，打破垄断，引入竞争"为主的新一轮电力体制改革。2002 年，国务院决定对电力公司进行重组，将国家电力公司下属的全部资产重新剥离后组建 5 个发电集团，全部输电资产与输电业务均划归到国家电网与南方电网，彻底实行厂网分开、竞价上网。国家电网公司组建了华北、东北、西北、华东、华中 5 个区域电网公司。国家电网公司主要是负责各区域之间的电力调度、交易，参与电网的投资与建设，区域电网负责具体的经营管理，保证用电的安全与稳定。同时，对原国家电力公司的辅助性业务及多种经营企业进行重组，在中央层面上进行主辅分离。2003 年成立国家电力监管委员会，电监会按垂直管理体系设置，向区域的电力调度交易中心派驻代表机构，并于 2004 年建立 6 个电力区域监管局。2004 年，首家区域电力市场——东北区域电力市场正式模拟运行，实行统一市场规则、统一交易平台和统一电力调度。2007 年，《"十一五"深化电力体制改革的实施意见出台》，总体要针对性地解决电源结构不合理、电网建设相对滞后、市场在电力资源配置中基础性作用发挥不够等突出性的问题。2011 年，由两大电网公司剥离的辅业与 4 家中央设计电力施工企业重组形成中国电力建设集团有限公司、中国能源建设集团有限公司，标志着终于迈出电网主辅分离改革的重要步骤。2015 年，被称为"新电改"方案的《关于进一步深化电力体制改革的若干意见》出台，明确了进一步坚持电力市场化改革的原则，按照管住中间、放开两头的体制架构，有序向社会资本开放配售电业务，有序放开公益性和调节性以外的发用电计划，推进交易机构的独立、规范运行，这意味着电力市场化改革再次迈出实质性步伐。

2. 电价改革

电价是电力市场改革中最为敏感和重要的部分，在电力改革重启后，相关的电价改革文件也相继出台。2003 年 7 月，国务院下发《电价改革方案》，确定了改革的目标、原则及主要措施，电价被划分为上网、输电、配电和终端销售电价。2004 年 12 月，发改委出台《关于建立煤电价格联动机制的意见》，根据煤炭价格的变化来相应调整上网与销售电价，其中上网电价与煤炭联动，销售电价与上网电机联动，而居民、农业、中小化肥电价保持稳定，一年最多调整一次。2009 年 10 月，发改委与国家电力监管委员会联合制定《关于加快推进电价改革的若干意见（征求意见稿）》，明确指出自然垄断环节的产品价格由政府制定，非垄断环节的产品价格由市场形成，充分发挥市场机制的作用，并提出了电价改革的 7 项重点任务：推进电力用户与发电企业直接交易试点，实现竞价上网，开展大用户与电力企业双方交易，放开新核准机组上网电价，完善政府定价，逐步建立规范的输配电价机制和推进销售电价改革。2012 年底，国务院办公厅印发《关于深化电煤市场化改革的指导意见》，取消电煤价格双轨制，并明确当电煤价格幅度波动超过 5% 时，以年度为周期，相应调整上网电价，同时将电力企业消纳煤价波动比例由 30% 调整为 10%。虽然有政策的不断出台和强调，但煤电联动在 2004 ~ 2012 年内真正意义上只动用了 4 次，且只有 2 次是严格意义上的煤电联动。2008 年之后煤电联动机制再未启用过，其原因并非在于尚未达到联动条件，煤炭价格的大幅上涨早应启动联动机制，但在考虑到宏观调控、环保政策和电力结构调整的需要以及行业经营环境后，联动机制暂不启用。2014 年 11 月，发改委发出《关于深圳市开展输配电价改革试点的通知》，在深圳市建立完善的输配电价体系，促进电力市场化改革，让业内为之一振。2015 年，被称为"新电改"方案的《关于进一步深化电力体制改革的若干意见》出台，提到区分竞争性和垄断性环节，有序放开输配以外的竞争性环节电价。随着相关配套文件的不断出台，电价的调整也渐渐频繁。2002 ~ 2016 年初，电价大范围的调整已达 10 余次之多。如表 1 – 1 所示。

表 1 – 1   历年电价调整情况

调整项目	调整时间	调整方案
上网电价	2004 年 1 月	全国省级及以上电网统一调度的燃煤机组上网电价统一提高 0.7 分/千瓦时，销售电价未作调整

调整项目	调整时间	调整方案
上网与销售电价	2005 年 4 月	平均上网电价上调 1.78 分/度，销售电价上调 2.52 分/度
上网、输配与销售电价	2006 年 6 月	平均上网电价上调 1.174 分/度，销售电价上调 2.494 分/度，同时适当提高输配价格和居民生活用电价格
上网与输电价格	2007 年 7 月 2007 年 10 月	2007 年 7 月：山西、内蒙古新投产电厂送京津唐电网上网电价分别调整为每千瓦时 0.298 元和 0.297 元（不含脱硫加价）；2007 年 10 月：上调东北电网内部分电厂的上网和输电价格，电网销售电价一律不动
上网电价	2007 年 12 月	下调吉林、湖北等八省（区、市）统调小火电机组上网电价
上网与销售电价	2008 年 7 月	平均上网电价上调 2.14 分/度，销售电价上调 2.61 分/度
上网电价	2008 年 8 月	火电机组平均上网电价上调 2 分/度，销售电价未做调整
上网与销售电价	2009 年 11 月	上网电价做了有升有降的调整：陕西等 10 个省（区、市）燃煤机组标杆上网电价每千瓦时上调 0.2~1.5 分/度；浙江等 7 个省（区、市）下调 0.3~0.9 分/度，非民用销售电价上调 2.8 分/度，居民电价暂不作调整
上网与销售电价	2011 年 4 月~2011 年 6 月	上网电价：2011 年 4 月，山西等 12 个省（市）2011 年 6 月，湖南、江西、安徽 销售电价：2011 年 6 月，上调山西等 15 个省（市）工商业、农业用电价格平均 0.0167 元/度，但居民用电价格不变
上网与销售电价	2011 年 12 月	平均上网电价上调 2.6 分/度，销售电价上调 3 分/度，居民电价暂不调整

调整项目	调整时间	调整方案
销售电价	2012 年 7 月	居民用电实行递增阶梯电价制度，第一档价格基本延续原有统一定价时的价格，80% 的居民用电费用不受影响
上网电价	2013 年 9 月	除云南、四川外，各省市的上网电价下调 0.6 ~ 2.5 分/度
上网电价	2014 年 9 月	全国燃煤发电上网电价平均下调 0.93 分/度
上网与销售电价	2015 年 4 月	全国燃煤发电上网电价平均下调 2 分/度，实行商业用电与工业用电同价，销售电价平均下调 1.8 分/度，居民电价不作调整
上网与销售电价	2016 年 1 月	全国燃煤发电上网电价下调 3 分/度，一般工商业销售电价也下调 3 分/度，居民电价不作调整

资料来源：作者收集整理。

　　由表 1-1 可看出，中国的电价在最近十几年的时间内调整次数较为频繁，涉及的类别也较为广泛。其中，上网与销售电价的变动较为剧烈，这与"煤电联动"机制有很大关联。值得注意的是，虽然电力价格一再调整与变动，但居民生活用电价格作为其中一部分，在改革过程中却很少涉及。除了 2006 年全国大范围内提高了居民用电价格外，截至 2016 年 1 月，生活用电价格并未进行大范围的调整或提高。只有部分地区在收费方式上进行了实验与尝试，并较早的引进了峰谷与阶梯定价的形式，但大部分仍一直沿用传统的统一电价低收费模式。2015 年的"新电改"方案也明确保证了居民、农业、重要公用事业和公益性服务等用电价格相对平稳。定价形式上，较大的一次调整是在 2012 年 7 月，发改委制定了《关于居民生活用电试行阶梯电价的指导意见》，除新疆、西藏外，对居民用电全面实行递增阶梯电价政策。即便如此，也基本上保证了 80% 居民的用电费用并未上涨。

1.1.2 研究意义

实际生活中，阶梯电价的实施不仅有助于缓解电力内部种种矛盾，引导合理用电、节约用电，还有助于节能减排、提高利用率，并促进公平合理的制度建设。而对递增阶梯定价实施现状及实施效果的研究则具有重要的研究意义与研究价值。

（一）理论意义

1. 丰富非线性定价研究理论

机制设计理论已经证明，理论上的最优定价一定是非线性定价形式。它可以在降低交易成本的同时，还能避免完全不甄别的统一定价所产生的低利润和较高福利损失。虽然最优非线性定价可以由简单的线性定价菜单来实现，但考虑到操作性、多重目标性和政策工具，一般采取阶梯定价形式。因此，递增阶梯定价逐渐成为实际应用中主要的定价形式，同时也是理论研究中的焦点。不少文献针对其理论基础、结构特征等进行了详细分析与阐述。而本书在结合现实情形分析的基础上，也进一步对其理论基础进行了补充与扩展，特别是在需求分析的理论模型上。因此，本书的研究进一步充实了相关理论文献，特别是丰富了国内有关阶梯定价的研究。

2. 丰富政府规制理论

规制是特定部门通过对某些特定产业或企业的产品定价、产业进入与退出、投资决策、危害社会环境与安全等行为进行的监督与管理。在实践中，对特定产业的规制已经成为普遍的政府行为。其中，电力、电信、供水、供电、供气等具有自然垄断性质的传统网络产业一直是规制的重点领域，受政府的管制与监督。在规制理论不断发展，规制活动与市场机制不断融合的现实中，政府层出不穷的规制方法和措施也促进了规制经济学的发展。以本书研究内容为例，对居民用电实行阶梯收费的方式是政府新引入的措施，电力领域中定价方式的制定和改变也是属于政府规制的一部分。本书对居民用电领域定价形式的研究，是对政府规制研究的拓展和延伸，具有重要的理论价值和意义。

（二）现实价值

1. 有助于推进电力市场改革

随着市场经济的发展，电力市场改革迫在眉睫。放开管制，推进市场化，作为改革的最终目标，其核心就是价格的自由竞争。在"放开两头、管住中间"的改革大方向下，中国的电价改革已完成了由旧的计划经济体制向新的市场经济体制的改变，但电价机制仍然处在未理顺阶段，主要表现在应当自由竞争的发电侧和售电侧价格仍处在行政和经济垄断下，改革还在不断地摸索与实践中。其中，对居民生活用电实行阶梯定价的制度则是其中一个不小的跨越，为售电侧改革迈出了重要一步。对递增阶梯定价在电力领域的研究与分析，不仅有助于完善现有的定价制度，还能促进建立科学、规范、透明的电价制度，也有助于加快形成输、配电企业的成本规则，为下一步探索输配分开，促进电力各环节的公平放开奠定良好基础，并进而推动整个电力产业的市场化改革。

2. 为在其他领域的实施提供经验借鉴

递增阶梯定价制度不仅在电力领域得到了实施，在一些地区的居民用水、用气领域也逐步得到执行。2014年1月，国家发改委与住房城乡建设部印发了《关于加快建立完善城镇居民用水阶梯价格制度的指导意见》，部署全面实行居民阶梯水价制度，要求2015年底前所有设市城市全面实行阶梯水价制度，同时，也表示2015年各地也将陆续建立阶梯气价制度。截至2017年底，多数城市已经召开听证会，并陆续实施阶梯定价。将来，还会进一步对所有稀缺资源性产品实行阶梯定价的计费方式。有了在电力领域的首次试水，阶梯定价在水、气等其他资源领域的实施会相对更容易，阻力更小。它的大范围实施不仅有助于此种定价机制的推广，还能提高人们的认识与理解，形成节约意识。而对阶梯定价在电力领域实施效果的分析，将为其他产品的阶梯价格设计和实施提供理论基础与经验借鉴，进一步发挥其他定价形式所没有的优点。

1. 2
研究内容与研究方法

1. 2. 1　研究内容

早在20世纪60年代，许多国家和地区就在水、电等能源领域实施了阶梯定价政策。因此，无论是从实践上还是理论上，国外都早于国内几十年的时间。由于气候、环境、人文、地理等因素的不同，在用电档数、每档电量和价格上，不同地区并不相同。通过对各个国家和地区实施现状及规律的分析和总结，可为国内阶梯电价的实施与设计提供借鉴与参考。另外，阶梯电价在实际中是否真正解决了长期以来的电价扭曲现象，同时保护了低收入居民的基本用电需求，是各方共同关注的热点与焦点。对此问题的研究不仅能够验证国内居民用电领域的改革效果，进一步为电价改革提供经验上的分析与指导，还对其他能源、资源领域的价格改革起着重要借鉴意义。由于实施较晚，国内相关论证文献较少，国外虽有大量研究进行了验证，但国情、社会、文化等大环境以及阶梯电价实践形式的不同，其结论是否适用于中国仍不得而知。因此，对国内阶梯电价实施效果的评估是一项迫切任务。本书将在对阶梯电价的机制设计进行整体分析的基础上，针对其在居民用电领域的实施效果进行系统地检验与测算，同时，进一步指出定价结构的改进之处。本书主要章节结构如下：

第2章，阶梯定价理论：内涵界定与文献述评。首先就阶梯定价（重点围绕递增阶梯定价进行）的基本概念、特点、组合形式等进行阐述，使读者有一个基本了解。在此基础上重点梳理、总结国内外相关研究成果，以对阶梯定价下的研究方法和结论有较为系统的了解和认识。

第3章，阶梯电价的形成机制：国际审视与档数验证。对广泛应用于电力领域的递增阶梯电价进行总结与概括。首先，阐述递增阶梯电价在国内外的实施背景；其次，对国内外实施现状进行总结，针对国内大规模实施后的地区以及原有试点地区，以及国外的23个实施地区，归纳出其结构设计特点和规律；最后，研究影响递增阶梯电价实施和结构设计的因素，使用选择模型和计数模型进行实证分析，并检验中国现有递增阶梯定价结构的合理性。

第4章，阶梯电价下的需求变动：弹性估计与成因解析。本章首先将原有的离散/连续选择模型（DCC模型）进行拓展，使其适用于加总后的全国平均数据，在此基础上对居民用电需求进行分析，并检验不同定价结构下居民价格弹性的变化，以确定递增阶梯定价的实施是否较原有统一定价带来了不同的效果和影响，并探析造成这种变化的原因。

第5章，阶梯电价下的福利评估：再分配效应与效率损失。为了研究国内阶梯电价的实施是否如理论文献中所论证的——能够改变社会福利并调整不同收入间的差距，本章从消费者福利变化视角研究递增阶梯电价的收入再分配效应及其效率损失，并在此基础上，分析中国特殊的阶梯定价嵌入分时定价的政策对再分配效应及成本的影响。

第6章，研究结论、政策启示与研究展望。本章在对全书研究内容总结的基础上，进一步根据研究结果提出相关政策建议，以优化国内定价结构的同时，给出未来研究方向。

1.2.2 研究方法

1. 案例分析与统计研究相结合

阶梯电价在许多国家和地区都有推广，本书对国内外的实施情况进行系统分析。不仅将国内 3 个试点地区（浙江、福建、四川）的定价情况及实施效果作为典型案例研究，同时，还对全国和国外 23 个实施阶梯电价的国家和地区进行了统计分析，在总结相关定价结构特点的同时，比较国内外的异同点。

2. 计量研究方法

本书在实证部分运用了多种计量经济学方法来分析问题。第 3 章在研究影响阶梯电价实施及结构设计的因素中，对于是否实施阶梯电价问题，应用二元选择模型进行回归分析；对档数设计和影响因素问题的研究，选取计数模型进行实证分析。第 4 章对阶梯定价下居民电力需求的分析，则基于劳动经济学中对累进所得税下劳动力供给行为研究的模型——离散/连续选择模型（DCC 模型），其可准确的刻画消费者最优选择行为。为使其能够适应加总数据，本书对其进行了拓展，以分析中国居民的电力需求。

3. 理论分析和推导

对特定的事实或情形依据经济学研究方法或原理进行分析和推导，也是本书的研究方法之一。为研究定价结构变化的影响，本书对不同定价形式下的消费者剩余和社会福利进行了理论分析，在厘清思路的基础上以便于作进一步的实证检验。

4. 构建反事实场景

第 5 章在研究阶梯定价实施后的再分配效应和效率损失时，要比较统一定价转化为阶梯定价时的社会福利变化，为了对比方便，需要构建相应的反事实场景。具体做法就是保持现有阶梯定价下厂商收益不变，计算出实行统一定价时的价格水平，以此将两种不同定价形式下的变化作比较。由于定价方式的变化可能导致需求弹性的变化，进而使得需求量发生变化，因此，还需分成弹性不变与变化两种情形作具体分析。

1.3

创新与不足

1.3.1　研究创新

本书的研究在一定程度上对现有文献进行了及时的扩展与补充，在理论和实证两方面都做出了一定的尝试。可能存在的创新有以下几个方面。

（一）实证分析了影响阶梯电价设计的因素

大多数文献都针对电价结构如何设计提出了不同的方法和理论，主要根据用电量、电器等影响因素和指标来使用不同的算法。但鲜有文献能从国际实施经验基于实证方法对影响电价引入和结构设计的因素进行考量。本书根据收集的一些实施阶梯电价的主要国家和地区的相关变量数据，来验证温度、人口等社会经济因素是否以及在何种程度上会对定价结构的实施和设计造成影响，提供相应的实证经验与分析。

（二）验证了国内三档定价结构的合理性

对阶梯定价的分档问题，大多数国家和地区一般根据自身实际情况和设计原则作出相应判断，真正从理论或实证层面分析得很少。方燕和张昕竹（2014）认为基于高复杂性所导致的福利代价和福利节约，递增阶梯电价的最适合档数较小，从理论角度解释了现实中递增阶梯定价政策级数较少的合理性。本书进一步从实证角度，结合多个国家和地区的经验，验证国内三档定价结构的合理性，填补了实证层面的空缺。

（三）　对原有 DCC 模型进行了改进

较为流行的估计递增阶梯定价下需求的方法来源于劳动经济学家对累进所得税下劳动供给问题的研究。基于离散—连续选择问题的 DCC 模型较其他模型在需求估计中有着不可比拟的优势。但由于 DCC 模型适用的研究对象为微观个体，需要知悉家庭层面的微观数据，这种较高的数据要求，使得 DCC 模型在实际应用中受到很大制约，不适合推广到更大甚至全国范围。基于此，本书将模型改进并一般化，在原有 DCC 模型基础上进行拓展，进一步放开其前提条件与研究假设，节省数据所需的成本，使其在较易获得加总数据的情形下也能应用。

（四）　对不同定价结构的实施效果进行了分析

理论上，递增阶梯定价能够在保护低收入用户的基础上起到一定程度的收入再分配作用。而实际实施中，递增阶梯定价是否真的会达到这种效果，以及达成后由此所造成的效率损失，需要具体分析与计算。本书针对杭州市居民的相关用电和家庭数据，从消费者福利变化视角研究递增阶梯电价的收入再分配效应和效率损失，并在此基础上分析嵌入分时定价的定价政策对再分配效应及其成本的影响。

1.3.2　研究不足

阶梯定价在资源、能源领域中发挥着重要的作用，但特殊的定价结构使得需求估计变得相对困难，同时，消费者的行为也更难预测，这成为国内外学术研究中的难点。本书也只是在前人所做工作的基础上进行了探索性的研究。由于能力有限，必会存在一些缺陷和不足。

（一）数据缺陷

首先，虽然已经尽可能地收集了 20 多个实行 IBP 的国家和地区，但样本仍较少，若有更多的样本加入，特征规律也许会更为明显；其次，由于国内阶梯电价实施年份较短，相关数据较少，在第 4 章的分析中只能采用混合样本进行，虽然使用交叉项等一些方法将阶梯定价的效果分离，但仍不敢保证分离得完全准确和彻底；再次，由于涉及隐私，具体的家庭收入数据难以获取，导致第 5 章中各阶层的收入弹性无法测算，只能采用李虹等（2011）的测算结果，最终也许会使得福利与效率的测算有偏差；最后，第 5 章采用的微观家庭样本是杭州市作为试点地区时期（2009~2011 年）的调查数据，2012 年定价结构进一步调整之后的数据并未获得，因此，结论会存在一定的滞后性。以上所有这些客观存在的数据缺陷都需要后期进一步的修改与调整，使得研究结果更精确。

（二）内容不足

对 2012 年在全国大范围实行的阶梯电价，发改委仅给出了 3 档的档数设定，每档的电量与电价则由各地依据给定规则并结合自身的经济发展与生活水平进行设置。由于各地价格与电量的不同再加之缺乏更加详细的微观家庭数据，使得本书无法对电价与电量设置的合理性进行一一检验，仅对档数进行了验证，这是内容的不足之处。另外，由于电网企业数据难以获得，本书仅在消费者角度对阶梯定价的实施效果进行分析，而无法展开研究阶梯电价在供给一方造成的影响，这也是本书研究内容的不足之处。

第2章

阶梯定价理论：内涵界定与文献述评

作为非线性定价的一种，阶梯定价在各种理论文献中都有较为详细的分析与描述，同时，各种研究结果也层出不穷。为了后续更好地研究与把握，本章将首先给出相关的基本概念与文献研究成果，且更多针对电力领域进行。

2.1
内涵界定

虽然，统一（线性）定价对市场中的商品价值是一个很好的概括，但在大多数市场上，同样物品对不同消费者或数量收取不同价格的现象也比比皆是。这些都可以看作生产者为获取更多的消费者剩余份额所做的努力。按定价方式的不同，价格歧视可以分为一级价格歧视、二级价格歧视和三级价格歧视，即垄断厂商对不同市场上的消费者实行不同价格。由于一级价格歧视较为极端，故现实中很少发生，实际中二、三级价格歧视则较为常见。其中，二级价格歧视主要的定价方式就是非线性定价。

非线性定价是指消费者就某一产品或服务支付的总价格同购买的总数量不成线性比例的一种定价形式，即通常所说的数量折扣或数量补贴。在普通商品中，为了促进销售一般对部分或全部数量收取较低的价格，而在稀缺性资源中，一般收取较高的价格。实施的主要动机就是收回营业成本的同时还能偿还投资成本，适用于具有规模经济的竞争性产业或固定成本较大的产业。非线性定价一般包括两部制定价、最大容量定价与阶梯定价。早在 20 世纪初期，符合相关条件的电力、铁路、通信、民航等产业在逐渐放松管制后就开始使用非线性定价，到了 70 年代则得到了普遍的应用。初期的非线性定价是递减式的，即边际价格或平均价格随着购买数量的增加而降低，20 世纪 70 年代后，非线性定价在居民用水、用电方面开始采用边际价格递增的模式，其定价方式多为递增阶梯定价。

2.1.1 阶梯定价相关概念

（一）定义

阶梯定价是非线性定价的一种。阶梯定价，全称为阶梯式累进定价。与统一定价边际价格不变不同，阶梯定价的边际价格随着消费量变化而变化，其一般将消费量分成若干档，随着消费量所在档次的变化，电价也相应发生变化。阶梯定价的结构为：

$$P = \begin{cases} P_1 & 0 < Q \leqslant Q_1 \\ P_2 & Q_1 < Q \leqslant Q_2 \\ \vdots & \vdots \\ P_k & Q_{k-1} < Q \leqslant Q_k \end{cases} \tag{2.1}$$

阶梯定价可分为递增式阶梯定价（Increasing Block Pricing, IBP）与递减式阶梯定价（Decreasing Block Pricing, DBP）[1] 两种。在消费量未超过某一值时，IBP 会收取一个较低费率，超过时将会收取一个较高费率，反应在（2.1）式中即为 $P_1 < P_2 < P_k$；而 DBP

---

① 递增阶梯定价的英文术语很多，如 Increasing Block Pricing/Rate/Tariff, Inverted Rate 等，本书将统一使用 Increasing Block Pricing，递减阶梯定价则为 Decreasing Block Pricing。

则相反，消费量在未超过某一值时将会收取一个较高费率，超过时则会收取一个较低费率，即 $P_1 > P_2 > P_k$。为了防止设备闲置、鼓励消费，阶梯定价实施初期一般实行递减式。随着 20 世纪 70 年代石油危机的爆发，为了节约能源，也为了保证厂商合理利润，递减式逐渐转成递增式。在国外，IBP 更多出现在稀缺资源定价中，比如水、电、气等，且应用范围越来越广，规模也越来越大。OECD 的一项研究显示，美国在 1982 年只有 4% 的供水单位实行 IBP 定价，而到 2006 年已经达到了 33%。

由于递减式阶梯定价逐步被递增式替代，现实中的阶梯定价一般呈递增式，因此，如无特别说明，本书余下内容中的阶梯定价均指递增式阶梯定价。

阶梯定价价格的设置可以基于现有电力成本，也可以基于未来电力成本。但若全部都基于未来成本定价，则会对低收入居民造成伤害，同时，也会使厂商获得超出管制机构规定的收益。此种情况就需要对低收入者进行各种援助：比如取消固定费用，对全部消费量给予一定折扣，或制定一个更便宜的阶梯费率。通常情况是，为了保证低收入居民的基本用电，以及平衡厂商收益，最低档经常以低于成本的价格制定，高档电价一般基于现有成本（平均成本）或未来成本（长期边际成本 LRMC）定价。

（二）结构特点

由于能充分考虑消费者需求异质性，越来越多的电力监管机构将原有统一定价转化成阶梯定价。在线性定价结构下的需求估计问题中，价格内生性问题通常来源于外部因素的冲击，因此，难以区分影响消费量的因素是来自供给还是需求的变动。而在非线性定价中，其消费量随边际价格变动，由此带来了价格和消费同时决定的内生性问题。以三档阶梯定价为例，当消费量超过第一档临界电量 Q1 时，边际价格将由 P1 上升到 P2。如图 2 - 1 所示。

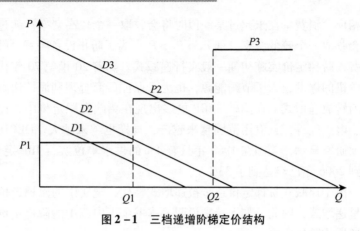

图 2 - 1   三档递增阶梯定价结构

图 2 - 1 显示，相对于统一定价（边际价格不变），递增阶梯定价中的边际价格会随着消费量增加而升高，而价格的变化又会改变消费者需求，二者共同决定的特性使得内生性问题十分严重。

另外，价格的不连续使得消费者预算约束呈现分段线性，由此产生尖点（Kink）问题，形成尖点形状的需求曲线，造成需求聚集现象。以图 2 - 1 中需求曲线为例，当消费者需求曲线为 D1 时，其在第一档上的需求量小于 Q1，但随着用户收入的增加或家用电器的上升，电力需求逐渐提升到 Q1，当进一步增加时，面临着价格由 P1 上升到 P2，且需求曲线由 D1 变为 D2，此时用户在 P2 下的需求甚至低于 Q1，故用户最优的选择应该是 Q1，而不是进一步提高电力需求。当大多数人的电力消费都落在 Q1 上时，就会形成需求聚集现象。

理论上，消费者最优选择就是预算约束下的效用最大化。而在阶梯定价中，由于尖点的存在，导致消费者预算约束是分段线性的，故若求此种定价结构下的效用最大化，必须进行某种程度的线性化。诺丁（Nordin，1976）引入了"虚拟收入"的概念，认为 IBP 下效用最大化的结果就是需求量与该档次下的"虚拟收入"成线性关系。以图 2 - 2 为例，当消费量落在第 2 档上时，消费者面临的边际价格为 P_2，对需求量进行估计时，收入 Y 应当调整为虚拟收入 $\tilde{Y} = Y + (P_2 - P_1)Q_1$，以反映定价结构的实际影响。对于 K 档 IBP 来说，当消费者落在某档 k 上时，其虚拟收入计算公式为 $\tilde{Y} = Y + \sum_{j=1}^{k-1} (P_{j+1} - P_j)w_{k-1}$（$w_{k-1}$ 为分界电量）。

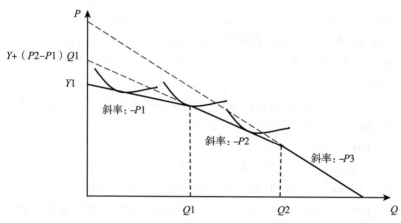

图 2 – 2　IBP 下预算约束的分段线性及虚拟收入

（三）定价形式及组合

阶梯定价经常以"生命线"定价的形式存在，其特点是档数在两档以上，首档能够维持居民基本需求。此种定价结构能够在促进节约的同时保证低收入居民用电问题，以解决电力市场管制解除后的公平性问题。另外，为了最大化生产效率，IBP 还与分时定价或实时定价等其他定价方式结合在一起，以满足多样的需求与目标。

国内现有组合形式更多的是阶梯与分时、季节相结合。分时电价是需求侧管理的重要手段之一，而峰谷分时电价是最主要的组成部分。中国从 20 世纪 80 年代就开始实行分时电价制度，近年来得到了推广与普及。峰谷分时电价就是根据电网负荷的变化，将每天划分为高峰、低谷、平段等时段，对不同时段的用电量征收不同价格。基本思想是体现电能在负荷高峰期作为短缺商品的价值，通过价格杠杆的作用来调节终端用电行为，以达到削峰填谷，引导用户改变用电方式，提高资源利用率和电网安全性，影响系统负荷的目的。峰谷分时电价在国内实施的时间要早于阶梯电价，其普遍存在于工商业用电中，一些地区的居民用电也较早引入（例如，浙江电网在 2003 年 7 月、江苏在 2003 年 8 月就试行了峰谷电价，安徽2004 年全面实行了峰谷电价政策）。另外，在早期居民阶梯电价试点地区，浙江、福建，四川均在实行阶梯电价的同时辅以峰谷分时电价，以达到多重目标。而在 2012 年全国实施的阶梯电价中，许多地区也加入了峰谷电价，与必须实行的阶梯电价不同，峰谷定价由居民自主选择是否执行。除了与分时结合外，一些地区的阶梯电价还在不同季节设置不同的电量或电价。

与国内较为单一的组合形式相比，国外针对高峰、低谷划分的电价形式在种类上更多。对不同负荷下峰谷电价的划分除了有分时电价（Time-of-Use，TOU）外，还有实时电价（Real-Time Pricing，RTP）与尖峰定价（Critical-Peak Pricing，CPP）。分时电价有些与国内划分高峰低谷的时段相同，但有些则是每小时都是变动的，与在工商业中得到广泛成功应用的 RTP 每时每刻都在变动的价格相似。由于政策制定者认为实时电价对居民用户来说太过复杂，直到2006 年加利福尼亚州才通过了居民实施 RTP 的法案。尖峰电价与分时定价比较类似，同样是在高峰期设置高价格，由于预先设置的价格消除了潜在的价格风险，CPP 对于政策制定者来说更具有吸引力。

无论何种定价形式的存在，其主要目的就是为了平衡不同时段的供需方要求，同时希望消费者有更多选择，以在促进不同定价形式发挥各自最大作用的同时，还能促进节约、保证公平，合理促进资源配置，实现生产者、运营者与消费者之间的效用最大化，使得资源、能源达到充分利用。然而，阶梯定价与峰谷定价的结合使得实际中的定价政策更加复杂，对于理性不足的消费者可能无法作出有利于自身的最优化选择，同时，因其复杂的结构，对其实施效果的分析也变得更加困难。

2.1.2　相对优势与多目标兼容

市场中效率目标的实现依赖于消费者根据信息作出最优化的选择，而传递市场信息最直接、有效的方法则是价格。价格作为描述产品价值及稀缺性的手段，对于一些较稀缺或有限供给的产品（例如能源），需要很多时间或资源来生产、对社会价值非常高的产品（如空气），应当以高价格传递给消费者此产品具有高价值的信号，以调节消费者需求和行为。以用电为例，当电力成本上升导致价格升高时，消费者会自动减少用电量。对为改变消费者需求行为而引入的阶梯定价，较传统定价（统一定价）来讲，特殊结构决定了其更多的功能或作用。

（一）较统一（线性）定价的优势

当需求弹性在不同消费者间不同时，差别对待的阶梯定价方法可以在避免价格统一上涨的同时实现厂商预期的利润。例如，当垄断厂商拥有的消费者按消费量可以分为价格需求弹性较低的消费者和价格需求弹性较高的消费者时，其对需求弹性较低的消费者征收较高价格，并不会引起需求量太多变化，消费者不会因价格升高而放弃消费，利润的增加会比对需求弹性较高的消费者征收较高价格要多。而阶梯定价的结构正是将消费人群做了区分，通过对不同弹性的人征收不同的价格来满足厂商收益，统一（线性）定价（以下简称统一定价）则无法做到。

对于传统的统一定价，独立定价及管制委员会（Independent Pricing and Regulatory Authority，IPART）（2003）认为其是无效率的，此处的无效率既包含社会与环境保护上的无效率，同时也更多指经济上的无效率。IPART 认为无效率主要体现在几个方面：首先，统一定价无法体现出当因需求量增加而使得电网容量增加时所花费的增量成本，正常情形下价格应随消费量的增加而增加，而统一定价对任何数量产品都征收统一的价格，这并不能鼓励低消费；其次，为了收回全部成本，电价应当反映生产的平均成本，统一定价下的消费量低于平均量的人会被迫补贴消费量过高的群体，导致用量较少的群体没有得到奖励，而用电多的没有动力去减少用电量。相对于统一定价的无效率，非线性定价因能够解决上述问题而得到广泛欢迎。

20 世纪 80 年代后，非线性定价中的 IBP 逐渐在电力领域得到广泛应用。除了能反映市场需求外，另一个原因是，能够协调经济性目标与社会性目标间的冲突（Borenstein，2008；Filipović & Tanić，2009）。利姆和霍（Lim & Ho，2008）认为，相对统一定价来说，分档电价结构更能促进生产效率的提高，并使厂商利润有一定增加。同时，相对于许多其他先进的定价机制，阶梯电价能够以最小成本解决交叉补贴与价格信号问题。

（二）实现的目标

最低档价格一般低于边际成本或平均价格，以保证基本需求或正常生活，实现公平性/平等性目标；最高档价格一般高于平均价格，甚至等于或接近长期边际成本，以实现配置效率，并弥补厂商在低价时的损失，以保证在满足经济性目标的同时，还能促进节约、实现收入再分配等社会性目标。

1. 经济性目标

阶梯定价的经济性目标主要是能使厂商成本有一个合理回收，提高生产积极性和效率的同时，还能在市场上起到价格信号作用。以递增阶梯电价为例，为保障居民基本用电需求，长期实行的单一制低价格使得电厂成本得不到有效回收，必须依靠政府的长期补贴才能正常运转，同时，受管制的价格也使得厂商没有动力主动提高自身运行效率。阶梯定价通过对基本用电征收低电价，超过部分征收高电价，保证了厂商正常合理利润的实现，同时也提高了其积极性与生产效率。另外，在任何一个市场上，价格都是反映一件商品社会价值与稀缺程度的信号，当价格较高时表明商品成本也较高，消费者就会相应减少购买量，阶梯定价对不同消费数量征收不同价格，区分了基本需求与非基本需求，起到了价格信号作用，能够为生产决策提供依据。

2. 社会性目标

社会性目标是指在体现公平原则的同时，也起到能源节约和一定收入再分配作用。正常情形下，商品的边际效用会随消费量增加而递减，同时，收入的边际效用会随收入增加而递减，故统一定价下，低收入者消费最后一单位商品所付出的成本要大于高收入者。为了满足平等目标，需要将高收入者面临的价格定到平均成本之上，低收入者面临的价格定在平均成本之下（当足够低时，称之为"生命线"价格）。如果收入和商品消费相关联，那么此种目标就可以通过 IBP 来实现，即起到收入再分配作用，以满足平等与公平。

以电力商品为例，作为一种生活必需品，对其设置递增阶梯定价的征费形式，对满足基本生活的用电量征收低价格，或对贫困家庭设置一个免费电量，体现了社会的公平性原则，而对超出正常需求的电量制定一个高价格，不仅能够促使居民节约意识的形成，还能因高收入群体一般是高用电量需求者，收入越高用电量越多，通过对高消费群体征收高电价来补贴因对低收入群体征收低电价而导致的成本损失，间接起到收入再分配作用。

2.1.3　现实背景与约束条件

阶梯定价在现实中主要应用于资源、能源领域。根据前文对其结构特征的分析，可看出阶梯定价的实施具有一定现实背景，并也存在一定约束条件。本小节将以阶梯电价为例，详细阐述在何种背景与条件下，阶梯定价的实施才较为合理。

（一）阶梯电价实施的现实背景

由于电力商品的特殊性，电力生产初期一般实行国有化的垄断模式并由政府实行较严格的管制。但在逐渐认识到垄断带来的低效率及福利损失后，各国都试图对电力市场进行自由化改革。国外最早进行改革的国家是智利，早在 20 世纪 80 年代，智利就在发电生产领域推行基于边际价格的竞争制度。1992 年，阿根廷政府将其下所有低效率的电力资产私有化，原有一体化的电力供给拆分为发电、输电和配电公司，并同时建立了竞争性发电市场①。随后英国、北欧、美国、日本等国家也相继进行了电力市场化改革。电力市场私有化改革，首先要引入竞争，竞争的引入旨在提高电力供给效率，保持电力低价格与生产高效率。电力供给包括发电、输电、配电、售电环节，发电环节与售电环节由于不具有垄断性质可以非常容易地引入竞争，然而，输电与配电环节仍被认为拥有自然垄断的性质，引入竞争必然会对电网进行不必要的重复建设。因此，管制机构更倾向于对输电与配电环节在价格领域进行规制，其中最重要的一项政策就是引入阶梯定价。

1. 统一定价的无效率

电力作为一种生活必需品，各国的电力价格一般由政府进行管制，在未实行电价改革之前实行较低的统一定价。但经过长时间的实践，统一定价被认为是无效率的。首先，管制下的低费率不能解决成本问题。当固定投资或容量增加时，统一的低价格无法反映其增量成本，长期内厂商无法得到正常利润，更无法要求电厂自身来解决生产带来的环境问题；其次，若厂商为了能收回成本，统一定价必须能够反映平均成本，这使得在平均成本以下用电的人群要补贴在平均成本以上的人群，对不同消费者收取同样价格容易起到交叉补贴的

---

① 《电力经济学：管制与放松管制》，Geoffrey Rothwell & Tomas Gomez，北京：中国电力出版社，2007 年版。

作用，扭曲了正常价格机制的同时也无法反映商品正确的市场信息。

　　鉴于统一定价带来的问题，许多国家开始寻求新的定价机制。对定价方式进行改革，是电力市场化改革中非常重要的一部分。作为具有特殊性质的电力商品，对其进行价格管制的目标并不仅仅是收回成本那么简单，它不仅需要保证经济性目标的实现，还要保证社会性目标的达成。为达到多重目标，公共事业单位开始放弃统一定价，转而使用非线性定价。早在 20 世纪初期，水力、电力、天然气等公共事业单位就开始使用非线性定价，但为了防止发电设备的闲置，鼓励多用电，非线性定价是递减式的。随着化石能源的日益紧缺和价格的持续上涨，以及带来的环境污染问题，以燃烧一次化石能源获取电力的电厂面临着严重的成本压力和环境压力。因此，20 世纪 70 年代后，非线性定价开始采用边际价格递增模式。非线性定价一般包括两部制定价、最大容量定价与阶梯定价。在居民生活用电方面，最常采用的是递增阶梯定价，其最早开始于美国，到 20 世纪 80 年代得到广泛应用（Borenstein，2008）。原因在于其不仅能正确反映市场信息，还能作为一种协调电厂成本收回和效率改进的目标与再分配目标之间相冲突的工具（Filipović & Tanić，2009；Borenstein，2008）。

　　2. 环境压力

　　虽然清洁能源的开发是全世界现在以及未来主要的战略重点和发展方向，但煤炭作为一种常规性能源，在能源消费结构中占有重要地位。2013 年世界能源消费增量中，煤炭依然是增长最快的能源品种，占全球能源消费增量的 57.8%。虽然，越来越多的发达国家逐步使用清洁能源，但对发展中国家尤其亚洲国家来说，对煤的依赖依然十分严重。2012 年亚洲能源消费占全球煤炭消费的 70%，其中，中国占 50.2%[①]。

---

　　① 资料来源于《雾霾和煤炭 不得不说的二三事》，北极星电力网，2015 - 04 - 21，http：//news. bjx. com. cn/html/20150421/610293. shtml。

在中国，以燃烧煤炭为主的火力发电仍然具有重要地位，在二次能源消费构成中占有很大的比例。2014 年，煤炭提供了 66% 的一次能源和 76% 的电量。煤炭的过度消耗自然对环境造成很大影响。据统计，全国烟尘排放量的 70%，二氧化硫排放量的 90%，氮氧化物的 67%，二氧化碳的 70% 都来自于燃煤。2015 年，环保部解析最近几年频繁出现、对人体造成极大危害的雾霾天气，其主要污染源是燃煤与机动车，其中燃煤占第一位[①]。

随着国内对环境的日益重视，以燃煤为主的火力发电商面临着越来越大的成本压力与环境压力。出于环保因素的考虑，2007 年，国家发改委与环保总局出台了《燃煤发电机组脱硫电价及脱硫设施运行管理办法》，要求新建扩建的机组必须按照环保规定同步建设脱硫设施，这就增加了发电成本。另外，中国承诺要在 2020 年将单位产值碳排放在 2005 年的基础上降低 40% ~ 45%，对于排碳大户发电企业来说，这都需要支付额外成本，而电价当中并未包含任何的环境治理费用，一旦将这些成本纳入电价，低收入居民会感觉负担加重，但对于收入较高、用电量较多的用户来说，应该承担得起，对此部分人征收高电价有利于节约用电。因此，虽然能源结构会逐步调整，未来将大力发展风力、水力、核能等清洁能源，但如何在短期内减少对以煤电为主要动力的电力消费，促进电力厂商的转型，以及敦促居民养成环保与节约的意识，是需要全社会共同关注的问题。

3. 定价机制不畅

国内的市场煤与计划电长期处于倒挂现象。中国的电价机制曾进行多次改革，先后经历了还本付息电价、燃运加价、经营期电价、标杆电价、竞价上网、煤电联动等诸多政策。随着中国能源供应紧缺、环境压力加大等矛盾逐渐凸显，煤炭等一次能源价格攀

---

① 资料来源于《环保部解析雾霾：燃煤排放是雾霾的根本原因》，京华时报，2015 – 12 – 02. http：//epaper. jinghua. cn/html/2015 – 12/02/content_257737. htm。

升，电力价格也随之上涨。虽然 2013 年已取消了煤炭重点合同，完善煤电联动机制，但若不从电煤矛盾的体制、机制入手大力推进电力体制改革，形成新的价格传导机制，而在电价监管的背景下仅实行电煤价格并轨，则会导致电煤供求更加混乱，对电力运行特别是中长期供需平衡带来更大的冲击。

除了上下游价格机制不顺畅外，电力内部的交叉补贴现象也较为严重。虽然 2004 年以来，国家对销售电价进行了几次较大上调，然而，居民电价的调整幅度和上调频率均低于其他行业用电。长期以来，国内居民生活用电采取低价政策，使得用电量越多的用户享受补贴越多，用电量越少的用户享受补贴越少，当用电量多的大部分是高收入者，用电量少的大部分是低收入者时，会造成对高收入者的间接补贴。另外，根据经济效率原则，销售电价的制定要反映真实经济成本。实际中，工业用电、商业用电、居民用电的成本是依次逐步下降的。原因在于：首先，由于负荷率的不同，工业用电、商业用电和生活用电的负荷率逐步下降，而低负荷率的成本较高负荷率的成本要高；其次，工商业用电电压等级较居民用电电压等级高，输电成本相对较小，加之工商业用户普遍比居民用户用电量要多，平摊的平均成本也较小；最后，拉姆其定价原则要求价格应与需求弹性呈反比，居民用电的刚性需求较工商业需求要大，价格也应较高。由于收取的电价理应比居民电价要低，国际上工商业用电的价格一般也都低于居民用电。但国内情况则恰恰相反，工商业用电一直高于居民生活用电，处于对生活用电进行长期补贴的局面。严重的低电价不可能完全靠交叉补贴来处理，同时，电价过高也会削弱工商业的发展。制定电价应当合理补偿和制定收益，并体现公平合理的原则，而工商业补贴居民，居民用电少的补贴用电多的现象实际则并不符合经济学原理与定价原则。

因此，机制不顺畅加上内部价格不合理使得电力行业问题较多，以上两种情况既没有体现公平负担与市场化原则，也不能合理体现电能的资源价值，不利于资源节约和环境保护，也会阻碍电力工业正常发展。

4. 收入分配状况

伴随着社会经济的高速增长，中国人民的生活水平总体呈上升趋势，但应该看到，收入分配差距也一直不断的拉大，不同区域之间、城乡之间、行业之间的利益差距已形成难以跨越的鸿沟。作为公认的评价国民经济是否健康发展的指数——基尼系数，在 2005年的《社会蓝皮书报告》中显示其已超过 0.465，2012 年官方公布为 0.474，均已超过了国内公认的警戒线 0.4，同时也大大高于国际平均水平。对于收入阶层之间的差距，由统计局提供的数据来看，高收入与低收入家庭之间的差距逐年拉大，财富正在以 1.83%的年均增长速度向富人集中，20% 的人拥有全社会 42.5% 的财富。在发达国家，中等收入者所占比重在 60% ~70% 之间，呈橄榄形结构。虽然中国这一比重虽然每年也在上升，但收入差距持续走高的状态仍未得到有效缓解，目前仍然处于金字塔形的结构中。再加上部分高收入者是通过不正当的途径与手段获得，加大了弱势群体的不公平感，其恶劣影响较为深远。

收入分配差距的不断拉大，一方面，会影响社会人员参与经济活动的心理，成为滋生社会不稳定的"温床"，让人们对以非正常途径而产生的收入分配差距产生不满的强烈情绪，大大降低人们劳动的积极性和热情，甚至会出现破坏社会信用与经济秩序的行为；另一方面，容易导致社会结构畸形发展，造成两极分化，激化社会矛盾，导致群体冲突和不同利益团体之间的斗争越来越激烈，恶化社会秩序，威胁社会稳定。因此，当收入分配差距的拉大已超过合理范围，如不能及时对待这一问题，就会产生富者越富、贫者越贫的"马太效应"，不利于社会稳定。对于此种状况的加深，中国也日益重视并采取了各种税收等手段。但考虑到平等与公平的因素，如何在各方面保证低收入者基本需求与正常生活，是需要重点关心的问题。

因此，在国内现有社会状况和电力改革的背景下，为了促进资源节约和环境友好型社会建设，逐步减少电价交叉补贴，引导居民合理用电、节约用电，中国决定在电力领域对居民用电实行阶梯电价。2004 年，首先选取了浙江、福建两个城市试行阶梯电价，其后又于 2006 年选取了四川作为试点城市。2011 年，在三个省份试运行的经验基础上，国家发改委下发了《关于居民生活用电试行阶梯电价的指导意见》（以下简称《意见》），开始在全国范围内实行阶梯电价。《意见》指出制定阶梯电价要遵循的原则：一是补偿成本与公平负担相结合，即居民用电价格总体上要逐步反映用电成本，同时要兼顾不同收入居民的承受能力，用电少的少负担，用电多的多负担；二是统一政策与因地制宜相结合，各地要在国家制定的阶梯电价总体框架和指导性意见基础上，根据自身特点和当地情况进行具体方案实施；三是立足当前与着眼长远相结合，阶梯电价要着力于建立机制，主要考虑建立合理电价机制，公平负担用电机制和促进节能减排的三大机制，使得短期内要保证大多数居民的电价稳定，长远要反映电力资源价值，引导居民节约用电；四是试点先行与逐步完善相结合，可以选取试点地区进行推广，逐步成熟后再推向全国。

　　2012 年 7 月 1 日开始，经过各地的研究制定，阶梯电价开始在全国范围内以省（自治区、直辖市）为单位执行，除西藏、新疆以外，29 个省（自治区、直辖市）均实行居民生活用电阶梯电价方案。将居民阶梯电价按照满足基本用电需求、正常合理用电需求、较高生活质量用电需求划分为三档，并实行分档递增，其中：第一档电价原则上维持较低价格，一定时期内保持稳定；第二档电价逐步调整到弥补企业正常合理成本并获得合理收益的水平；第三档电价在弥补正常合理成本与收益水平的基础上，适当体现资源稀缺、补偿环境损害成本，为第二档电价的 1.5 倍左右。递增式阶梯电价正式在全国范围内拉开序幕。

（二）现实约束

　　根据前文的分析，可以看出，实际中阶梯定价的应用需要具备一定条件，如此，才能发挥其最大作用，达到多重政策目标。

1. 商品稀缺性

阶梯定价更多的应用于较为稀缺或不可再生的资源型商品中，普通商品并不采取此种价格制度。对于水、天然气等这种十分重要但又存量有限的商品来说，阶梯定价的实行可以促进节约意识的提高。而对于电力商品而言，情况相对复杂一些。随着经济的快速发展，对电力需求不断增加，以燃煤为主要动力的发电厂商对环境造成的污染日益加剧，大部分国家都采取了阶梯定价方式以期缓解相应症状。特别是在中国进入 21 世纪后，经济发展与电力需求不匹配，导致"电荒"现象频繁出现（特别是 2008 ~ 2011 年间），对一些高耗能企业造成了特别大的影响。2011 年后，随着经济的逐步下行，清洁能源发电比例逐步提高，电力供应和国民经济运行态势发生了显著变化，2015 年全国火电机组利用小时创历史新低，而与此同时，发电装机总量从 2008 年开始迅速增加后，到 2013 年总量已跃居世界第一。与此形成强烈对比的，却是全社会用电量增速大幅回落，一些发电厂的机组甚至出现了停运现象，电力短缺现象已不复存在。支撑阶梯定价实施的其中一个理由或背景——稀缺性，似乎不复存在，此时是否继续实施阶梯定价，应以其他作用能否实现作为最主要考量因素。

2. 交叉补贴的存在

对公平、平等①的追求一直是公用事业目标之一，主要通过收入税收和商品税收（商品价格）两方面来实现。其中，价格手段就是通过对横向或纵向的交叉补贴，来保证每人（特别是低收入群体）都有消费某种资源来维持正常生活的权利，阶梯定价就是其中主要的形式，其广泛应用更大程度上出于追求公平、平等和

---

① 严格而言，公平和平等并不相同。平等，主要指同等对待情况相同的人，或不同等对待情况不同的人，而公平是主观性的概念，不同人对其理解并不相同。在资源定价问题上，一些人认为向工商业征收高价格，以此向低收入居民进行交叉补贴很公平，而另一些人则认为根据边际成本定价，工商业价格应低于居民价格。本书对此不作深入探讨，综合两方思想。

资源节约的考虑。IBP 主要通过富裕阶层交叉补贴贫困阶层，或商业交叉补贴消费者来实现对公正性的追求。虽然任何阶层都享有对公共资源的消费权，但电力作为必需品或正常品的属性使得富裕阶层相对贫困阶层消费更多。中国国内实行阶梯电价的初衷就是为了缓解工商业对居民用电的交叉补贴，但同时允许高收入居民对低收入的交叉补贴，以适应现有电力体制和国民收入分配状况。

　3. 可能的损害

　　虽然多数文献对阶梯定价持肯定态度，但也有一些认为其在社会性目标方面并不尽如人意，批评声音也很多。西布利（Sibly，2006）认为公正性完全可以通过服务费用收取，而不需 IBP 来实现，从公平平等、效率和节约角度来讲，两部制比 IBP 更合适。惠廷顿（Whittington，1992）提出，阶梯电价若想保障低收入者的基本用电需求，前提必须是低收入用户同时也是低用电量使用者，当贫困用户家庭人口数较多或接入网络需要固定费用时，此种定价方式会使他们的境况变得更糟，且此种现象在发展中国家和贫民窟更为普遍。另外，资源消费量的测度表接入率不同会使贫困家庭因与其他家庭同用一个仪表而被索取高价[①]（Boland & Whittington，2000）。达汉和尼森（Dahan & Nisan，2007）也指出，当未考虑到人口因素时，家庭人口数较多的低收入者会比高收入者面临更高的阶梯税率，这种家庭规模经济进一步削弱了"阶梯定价能保证公平力"的说法。另外，当存在较易获取且更便宜的其他能源时，价格的上升使得用户转向对替代能源的消费，仍达不到节约能源的效果（Dufty，2007；Reiss & White，2005）。伯伦斯坦（Borenstein，2009）对 IBP 在再分配效应方面的研究发现，阶梯电价确实对低收入群体起到了补贴作用，但效果不是特别明显，补贴部分主要来源于高收

---

　　① 对仪表接入率的研究发现，所有居民都接入供给系统的政策并非社会最优（Barrett & Sinclair，1999）。

入家庭支付的高电费，少部分来源于对中等收入者的电价征收。

虽然反对阶梯定价的声音不少，但仍未阻碍阶梯定价在多个国家的应用及流行。在一定程度上，可通过不同定价方式相组合，设置生命线电量等方法对其缺陷进行弥补，只要保证 IBP 配套机制设计的合理性，负面影响基本上都可以得到解决或消除。

2. 2
文献述评

在前一节对阶梯定价的基本概念进行介绍与分析的基础上，本节将进一步对现有的文献研究作详细的分析与梳理，以把握阶梯定价在国内外研究的成果和现状。由于国内相关的文献并不多，本节会重点围绕国外文献中的需求估计与福利分析方法进行阐述。另外，由于更为复杂的组合定价形式也经常出现，如（峰谷）分时定价嵌入在阶梯定价中，故本节还将对一些分时定价、组合定价的相关文献进行简单介绍，为后文研究提供借鉴。

2. 2. 1 理论基础与结构设计

（一）相关理论文献

资源定价的改革问题其实都是机制设计问题，主要研究是否存在某种能很好地权衡经济效率、公平平等和成本补偿的价格机制。多元化目标和其他定价约束条件极大地左右着最优定价机制的设计。自从基于权衡效率和成本补偿的经典最优 Ramsey – Boiteux 定价机制（Ramsey，1927；Boiteux，1956）提出后，其忽视公平、公正的抨击就不断出现。之后，学者们通过新增收入的边际效用加权个人剩余来修正此种定价机制，以弥补缺陷。许多学者基于需求估计模拟来推断转移支付以确定 IBP 的影响效应（Scott，1981；Hennessy，1984；Faruqur，2008），或探讨对弱势群体的影响。

国内对阶梯定价的研究更多基于理论上的分析与探讨。刘树杰和杨娟（2010）认为在中国实施阶梯电价是一种有效而稳妥的改革途径，提出了中国阶梯电价的设计方法与路径，指出阶梯电价设计的基本原则是"预算平衡约束下的社会福利最大化"。同样，张粒子（2010）从 IBP 的适用条件、解决中国销售电价价格补贴问题和促进节能减排工作的重要作用三方面，论述了中国居民用电实行 IBP 的必要性，并提出阶梯电价可能存在的副作用，比如生命线电价会降低效率，以及会使一些非目标人群受益，产生新的不公平。李成仁和余嘉明（2010）对日韩两国阶梯电价的实施背景、现状进行了详细分析，也结合中国的实际提出了政策建议。同样，黄海涛等（2012）从公平分配方面探讨了阶梯电价的分档结构及统一式阶梯电价的局限性，并从多方面比对了各国阶梯电价与峰谷分时电价的配合方式，在现实约束下提出了中国居民阶梯电价结构的设计建议。

为了实现多重目标，一些地区并非仅实行阶梯定价，而是与其他定价形式相结合。在引入阶梯定价的框架下，还有很大的改进空间，可以考虑嵌入分时或实时定价，通过多元化的手段来实施不同的目标（张昕竹，2011）。另外，为了对国内的研究奠定理论基础，方燕和张昕竹（2011）初步验证了递增阶梯定价的最优性，指出基于多元化目标和资源特性的 IBP 设计和执行问题将成为理论研究发展的一大方向。方燕和张昕竹（2012）还梳理了国外文献中阶梯定价的纷争和成果，整理了阶梯定价下的需求价格设定和普适性文献，以及所导致的需求估计偏误问题，指出最新的发展应该基于微观行为分析和微观数据，进一步内生化研究的方向就是确定阶梯定价机制结构参数。田露露和张昕竹（2015）对阶梯定价下相关的估计方法、价格选择和实施效果测算进行了总结，指出阶梯定价下最应解决的是价格内生性问题。由于定价结构的复杂性，消费者反应价格有多种，且诸多文献都验证了 IBP 的社会性与经济性功能。

（二）定价结构设计

由前文对阶梯定价的定义可知，对其结构设计需确定 3 点：档数（阶梯数）、等级间的分割点、等级上的边际价格（Boland & Whittington，1998；Barberan & Arbues，2008）。阶梯定价的一大特征就是，无论成本如何，第一等级的价格都低于其对应的成本，因此，结构设计的重点便是如何确定第一等级分割点及对应的边际价格（Arbues et al.，2000）。尽管可使用消费数据估算必须消费量来确定第一等级上的点，但将其确定的太高或太低都违背了设计初衷①。此外，各等级间边际价格幅度的适当性也不可忽视（Chen & Yang，2009）。

在档数设计上，李媛等（2012）利用 Stone – Geary 效用函数对用户价格弹性进行差异化分析，计算最优阶梯档位。方燕和张昕竹（2014）研究了制定与实施定价政策所需的信息和计算要求对连续递增定价机制执行问题的影响，从理论角度解释了递增阶梯定价政策级数较少的合理性。张昕竹和田露露（2014）根据 39 个国家与地区的样本，利用选择模型与计数模型对影响阶梯电价采纳和设计的因素进行了经验分析，并实证检验了中国现有 3 档阶梯电价实施结构在设计上的合理性。朱柯丁等（2011）利用秩和比法确定地区最适合的阶梯档数，通过计算机循环算法找出居民不满程度最低的分档电量设置方法，建立以节能为导向的分档电价优化模型。此方法不仅有利于阶梯电价的合理制定，同时可操作性强，且能体现电价的节能效益。

在各档的分界电量上，黄海涛（2010）针对居民阶梯电价分段电量边界的确定存在一定人为因素和随意性问题，提出了基于密度聚类的居民阶梯分段电量综合制定方法，可从多方案中选出综合最优的分段电量水平。张粒子等（2010，a、b）结合中国居

_____

① 较低可能会促进节约，较高可能会造成浪费，具体参见 Chen & Yang（2009）.

民销售电价现状，应用无压力感电费支出经验模型在现实约束下探讨了分段电价科学核定的可行性方案。黄海涛（2012）基于居民异质性，细分了居民用电的分档电量消费市场，构建了分时阶梯电价水平的分层计算模型，综合协调了公平、效率和削峰填谷的多重目标。

在结构设计的合理性上，曾鸣等（2011）从居民对电价的承受能力、供电成本和地域的影响 3 个方面，基于微观经济学的效用论，分析了制定居民阶梯电价应考虑的关键问题，并建立居民阶梯电价方案的评估模型，用来评估不同阶梯电价方案所带来的节电效果，结果显示每个档次的电价越高节电效果越明显。田露露（2014）专门对 2012 年国内阶梯电价的实施情况进行了分析与总结，指出实施过程中遇到的诸多问题，包括各地电价设置不公平、电价总体增幅较低，以及不同地区使用同种电价结构等，并提出了进一步深化改革的建议。曾鸣等（2012）为评估阶梯电价方案的合理性，在考虑多方面评估因素的基础上，将低收入居民的电力价格弹性、节能降耗的效果以及对 CPI 的影响 3 个因素进行量化，通过算例分析来说明方案的合理性或进一步修正方案。

2.2.2　需求估计与效果测算

为了对阶梯定价下的消费者行为进行分析，国外很多文献针对阶梯定价下的需求进行了估计，其结论不仅直接反映了定价结构对需求的影响，还对价格结构的调整与优化具有重要指导意义。在阶梯定价中，边际价格随消费量变化，并且消费是价格的非线性函数，这不仅使消费者行为更加复杂与难以预测，传统 OLS 估计方法无效，同时对相关估计技术也带来很大挑战。本节将从需求估计方法、消费者价格选择和实施效果 3 方面对阶梯定价文献进行一个概括性总结，同时也将涉及相关分时电价的研究。

（一）阶梯定价下的需求估计方法与函数形式

作为阶梯定价文献中的热点与难点，阶梯定价下的需求分析伴生了很多方法与技术。从相对简单的两步或三步最小二乘法（two/three-stage least squares，2/3sls）、非参数估计法（nonparametric approaches）到应用较广泛的简化估计法（reduced form estimation，RF），以及基于最大似然估计法（maximum likelihood estimation），具有微观基础，并把产品特征、消费者异质性问题考虑在内的离散/连续选择（discrete/continuous choice）结构计量模型（DCC 模型）法，和从诸多因素中单独分离出价格效应的方法等。

1. 简化估计方法

为避免内生性问题，McFadden（1977）使用 2sls 对电力需求进行回归，将第一阶段中估计出的需求与定价结构相结合求出预期价格，并以此作为价格的工具变量来对实际需求量进行估计。同样，简化估计也类似，将复杂的定价进行平均或线性化后再估计（Nieswiadomy & Cobb，1993；Opitz et al.，1999；Martinez - Espiñera & Nauges，2004），即在估计方程中使用平均价格或线性化后的边际价格。当以边际价格作为变量时，由于内生性问题，需要采取工具变量（Agthe et al.，1986；Deller et al.，1986；Nieswiadomy & Molina，1988、1989）。一般用表示消费量 x_{it} 上价格变化的一阶差分来代替（Saez et al.，2012），同时为了保持工具变量的有效性，伯伦斯坦（Borenstein，2009）采用初始消费量 x_{it_0} 来代替 x_{it}，以避免 x_{it} 与误差项相关。但布洛姆奎斯特和瑟林（Blomquist & Selin，2010）、塞斯等（Saez et al.，2012）认为当消费量存在均值回归现象①时，x_{it_0} 有可能会与差分后的误差项负相关，故建议用期中消费量 x_{it_m} 来代替 x_{it}。简化估计的缺陷在于：除价格与收入外，简化估计无法包括定价结构对需

---

① 均值回归是金融学中的一个重要概念，指股票价格无论高于或低于价值中枢（或均值），都会以很高的概率向价值中枢回归的趋势。此处指个人消费量虽然上下浮动，但总体上都会趋于平均水平。

求的其他影响；更严重的是，只能对落在档内的消费量进行需求弹性估计，对于尖点上的消费，只能人为地将他们归到前、后档上去，或直接从样本中剔除掉，因此，估计结果是不准确的；另外，好的工具变量的选取比较困难，且容易使得价格与随机误差项相关，故必须要通过严格检验，而大多数文献都缺少这一步骤。为克服此问题，特扎（Terza，1986）在赫克曼（Heckman，1978）的基础上使用两阶段 Probit（two-stage probit，TSP）方法，此方法不需要将阶梯定价结构线性化，可避免工具变量的使用。

2. 离散/连续选择模型（DCC 模型）与结构最大似然估计

为了克服尖点样本无法估计的缺点，阶梯定价下的需求估计逐渐引进了豪斯曼（Hausman，1985）在累进所得税率下对工资弹性估计的方法，即基于离散/连续选择（discrete/continuous choice）问题的结构计量模型（DCC 模型）。DCC 问题的出现是由于阶梯定价下消费者选择的不连续性以及预算约束的分段线性，其解决了分段线性预算约束无法与效用理论相结合的问题，莫菲特（Moffitt，1986，1990）对其进一步总结与拓展。但也有一些学者对此方法进行了批判，认为豪斯曼（Hausman，1985）在劳动力供给中人为假定了工资的正效应和收入的负效应（MaCurdy et al.，1990；Blundell & MaCurdy，1999），与实际也许并不相符。即便如此，豪斯曼（1985）方法相对于其他方法施加的限制已经很少，是比较合适的估计方法（Blomquist，1995）。

虽然累进所得税率下劳动力的供给与阶梯定价下的需求都属于分段线性预算约束问题，但它们却有很大不同。首先，劳动力供给中的工资效应是正的，而需求中的价格效应却是负的；其次，由于非劳动性收入和相关费用的扣减无法观察到，劳动力供给中的家庭预算约束是不可知的，而阶梯定价的结构可知且对所有消费者都一样，故预算约束问题是可以解决的；再次，劳动成本和其他因素导致的非凸偏好的存在是劳动力供给分析中必须要注意的严重问题（Heim & Meyer，2004），但其在需求估计中并不明显，加之模型中除了一般的误差项外，还会加入因个体选择的不同而导致的异质性偏差误差，即使用双误差的方法来进行估价，一定程度上也避免了非凸偏好的存在（Blundell & MaCurdy，1999）。因此，虽然最大似然法在劳动力供给中受到了一些批判，但其却能很好地适用于阶梯定价下的需求估计问题，故哈内曼（Hanemann，1984）首次将此方法应用到 DCC 问题的需求估计中去。随后，在汽车的拥有与使用（De Jong，1990）、电力需求（Herriges & King，1994；Reiss & White，2005）、用水需求（Hewitt & Hanemann，1995）等问题上都使用了此方法。

虽然，相对于简化估计来说，DCC 模型缺陷更少，理论更成熟，但由于是基于统计学上的最大化问题来研究，对消费者偏好可分性条件（Separability Condition）的忽略影响并限制了模型系数的估计，故也有一定的局限性。正如莫菲特（1986）指出的，这种方法在计算上较为复杂且不可微。基于此，宫协等（Miyawaki et al.，2014）考虑了一直被忽略的可分性问题，在 DCC 基础上使用分层贝叶斯方法和马尔科夫蒙特卡洛模拟来估计需求函数，以保证消费者偏好的可分性。

3. 分离效应方法

在对 IBP 的分析中，更多的研究通常是针对价格变化如何对需求量产生影响而进行，并事先假定其他影响因素不变。而在实际中，价格变化往往是由其他因素引起或会导致其他因素变化。以阶梯水价为例，居民用水会随着气候、温度、降水等的变化而变化（Balling & Gober，2007），用水价格也会适时根据需求量的变化而调整。而一般估计方法无法单独将价格变化带来的效应从众多因素中分离出来，虽然有少数研究试图通过引入虚拟变量来控制非价格因素的影响，但更具体的定量分析却没有。为了从诸多变化中分离出价格变化的效应，一些文献采用准实验的方法进行估计（Nataraj & Hanemann，2011；Klaiber et al.，2014；Yoo et al.，2014）。那他瑞杰和哈内曼（Nataraj & Hanemann，2011）采用断点回归的准实验方法，克莱贝等（Klaiber et al.，2014）、柳等（Yoo et al.，2014）则在用差分法减少了相关因素对价格的交互影响后，再采用准实验方法进行估计。

4. 函数形式

除了相关估计方法外，估计函数的形式也是需要考虑的。线性函数由于形式上的方便而经常得到使用，但也常受到批判，原因在于函数中的价格系数为常数，这意味着无论价格变化大小，消费量的变化程度都是相同的（Billings & Day，1989），而这与实际并不太相符。另一个比较流行的函数形式是与柯布－道格拉斯函数十分相似的双对数函数形式，其估计出的系数即为弹性，因能省去弹性计算的麻烦而得到研究者的偏好（Williams，1985；Dandy et al.，1997；Foster & Beattie，1981a；Nieswiadomy & Cobb，1993；Hewitt & Hanemann，1995；Garcia & Reynaud，2004）。对双对数函数形式的批判在于其缺乏效用理论一致性（Al－Qunaibet & Johnston，1985）。为了弥补此缺陷，斯通－吉尔里（Stone－Geary）的效用函数形式成为另一个选择（Gaudin et al.，2001；Martínez－Espiñeira & Nauges，2004；Al－Quanibet & Johnston，1985），其为对数——线性的，能够包含不因价格变化而变化的基本消费量（Nauges & Martínez－Espiñeira，2001）。另外，由于不同函数形式可满足不同研究要求，在具体选择何种形式及检验形式的正确性时，可根据 Box－Cox 检验或威廉姆斯（Williams，1985）提出的方法进行验证。

（二）阶梯定价需求估计下的价格选择

当价格变化时，消费者需要在价格与需求之间作出最优决策来求得效应最大化水平。而在 IBP 下，价格随数量同时变化的复杂结构使得不同消费人群面临不同价格，从而对消费者行为的分析变得更加困难。故消费者选择哪种价格或对何种价格反应一直是 IBP 研究的重点。

1. 消费者对何种价格反应

经济学中一个核心的假定是企业或消费者依据面临的边际价格作出最优决策。例如，最佳税收理论认为，当纳税人面临非线性所得税税率时，他会根据边际税率作出最优选择（Mirrlees，1971；Atkinson & Stiglitz，1976）。但也有一些研究表明，消费者在面临非线性的边际价格、补贴或税收时，并不对实际边际价格反应（Brown et al.，1975），而仅对平均价格作出反应（De Bartolome，1995）。故早期对阶梯定价下的价格弹性或需求量进行估计时，价格变量一般只从平均价格或边际价格中选取（Houthakker，1951）。而泰勒（Taylor，1975）首次提出模型中要引入边际价格与平均价格双变量，随后，Nordin（1976）对其进一步修正，认为消费者会根据实际边际价格来最大化自身效用，故应该引入边际价格与差分变量（按统一的边际价格与按实际定价所付费用的差额，即前文中的虚拟收入）来表示递增阶梯定价的收入效应。不过，由于只有对价格结构完全了解的人才会基于边际价格作出正确反应（Billings & Agthe，1980；Foster & Beattie，1981a、b；Houston，1982、1983），当消费者不愿花费时间去了解或即便了解也存在认知上的困难时，就很难准确对边际价格作出反应（Billings & Agthe，1980；Bacharach & Vaughan，1994），故消费补贴与差分变量之间的关联性很小（Billings & Agthe，1980；Chicoine & Ramamurthy，1986），这使得 Nordin（1976）的方法引起了很大争议，认为其在统计学与经济学上的意义值得商榷。随后的一些研究也显示，消费者并非对实际的边际价格作出反应（Liebman，1998；Fujii & Hawley，1988；Carter & Milon，2005；Saez，2010；Borenstein，2009），而是对边际价格的代理变量——平均价格或其他价格作出反应。

通过分析消费者认知价格的文献，本书认为阶梯定价下消费者的认知价格至少分为 3 种。第 1 种为分段线性预算集下消费者所面临的实际价格，也即标准理论模型中的边际价格。满足此价格需要具备两个条件：首先，消费者要对自身的消费量非常确定；其次，消费者应完全了解定价结构，如此才能准确的最大化自身效用。但当现实中一些外部随机因素的冲击使得消费者对自身消费量并不能完全确定①，即无法满足第一个前提条件时，消费者只能对预期边际价格作出反应（Saez，2010；Borenstein，2009），此即第二种认知价格。进一步地，当消费者不能完全了解复杂的结构或是不愿去了解，即无法满足第二个前提条件时，为了简便起见，消费者一般对平均价格作出反应（Liebman & Zeckhauser，2004），此为第三种认知价格。

2. 对认知价格的判定

由前述可知，消费者在不同情况下产生的认知价格有可能不同，故在估计过程中需要首先判断消费者对何种价格作出反应。文献中一般有统计和计量两种检验方法。统计方面，可先简单地通过图形观察尖点处的需求量是否有明显变动（Heckman，1983；Saez，2010；Chetty et al.，2011），若消费者对实际边际价格作出反应，那么尖点处的需求量会明显较多，当尖点处的价格变动很大或需求价格弹性很大时，就会出现消费聚集现象。若无此现象出现，一方面可能是由于尖点处的居民边际价格弹性为 0，另一方面，则因为相对于边际价格，居民可能更愿意对其他价格作出反应。针对第一个原因，塞斯（2010）和切迪等（Chetty et al.，2011）用统计方法对尖点处的价格弹性进行估计，当弹性不为 0 时说明边际价格为实际认知价格，当弹性为 0 时说明居民对边际价格几乎无反应，还需进一步研究是否存在其他敏感价格。

除了简单的统计方法外，还可用相应计量方法来判断。欧帕拉齐（Opaluch，1982、1984）将平均价格分解成两部分，通过

---

① Borenstein（2009）计算的居民对自身消费量预测的偏差维持在基本消费量的 10% 或平均消费量的 7% 左右；Ito（2014）计算的居民对消费量预测的标准误差为 20%。

检验两部分的系数是否相同来判断消费者对平均价格还是边际价格作出反应。希科因和拉马穆尔蒂（Chicoine & Ramamurthy，1986）在欧帕拉齐（1982）的基础上发现消费者对两种价格都不作出反应。Ito（2014）根据 Davidson & MacKinnon（1993）提出的包容性检验的方法发现消费者只对平均价格反应，而对边际价格、预期边际价格并不敏感。而伯伦斯坦（2009）通过对 3 个包含不同认知价格变量（边际价格、平均价格、预期边际价格）的模型分析，发现 3 种价格对消费量都有一个负的、显著影响。因此，他认为，主观地将任何一种认知价格作为实际价格变量都是有偏差的，选取之前需要进行相关检验。另外，即便这些价格的验证结果比较显著，也会与消费者实际反应价格存在一定偏差。故伊藤（Ito，2014）直接对实际反应价格进行了计算，通过对阶梯定价的每一部分施加不同权重，结果发现最后测算出的价格与平均价格十分相似，进一步证明了大部分消费者对平均价格作出反应的观点。因此，费尔等（Fell et al.，2014）在直接基于消费者对平均价格作出反应的假设下，使用广义矩估计法对弹性进行估计。

（三）阶梯定价的实施效果测算

IBP 定价策略的变化关系到其自身双重目标的实现及实现程度。定价变化对消费者剩余、社会总福利及支出的影响一直是各方关注的焦点。因此，对价格变动带来的相应效果的分析也是 IBP 研究的重要内容。

学界经常用消费者剩余来测量个人福利变化。在可观测的马歇尔需求曲线下，消费者剩余用愿意支付的价格与实际支付间的差额来表示。但这种方法的缺点是不能把价格改变所带来的收入效应包括在内，而希克斯需求曲线却可以克服这一缺点（Ruijs，2009）。故越来越多的文献认为度量福利效应的方法应该是基于希克斯需求曲线的补偿变化（Compensating Variation，CV）和等价变化（equivalent variation，EV）[①]，它通过测量代表性消费者收入的变化来估计消费者剩余并进一步得出社会总福利。最早提出此方法的是豪斯曼（1981），他研究了线性税率变化所带来的福利损失。但由于消费者具有不同偏好，只选取代表性消费者而忽略不可观测的异质性问题，会使得社会福利估计出现偏差（McFadden，1999；Creedy & Duncan，2002；Fullerton & Gan，2004）。特别是在阶梯定价中，消费者面临多种边际价格选择的情况只会使异质性问题更加复杂。针对此问题，豪斯曼（1985）进一步将此方法进行拓展与改进，使其适用于分段线性预算约束下的效用函数计算[②]。

　　豪斯曼（1985）的方法得到了广泛的应用。但在具体使用 CV 还是 EV 时，更多的观点认为 CV 会带来有偏估计，EV 才是正确度量 IBP 带来的福利变化的方法（Reiss & White，2006；Ruijs，2009；You & Lim，2013）。原因在于，CV 是基于最初效用和变化后的价格来计算的，当价格递减时，福利应该增加，但实际算出的补偿收入却减少，而 EV 则反映了变化后的价格与新的效用水平（Chipman & Moore，1980；Mas – Colell et al.，1995），其准确性与适用性较 CV 更强[③]。用相应的方法计算完个人福利后，需要将其加总才能得到社会总福利。最常用的计算社会总福利的方法是考虑到社会不平等因素的阿特金森社会福利函数（atkinson measure of

---

　　① 补偿变化测量了当价格改变后，消费者收入需要变化多少才能保持原有的效用水平不变；而等价变化测量了在原有的价格下，消费者收入需要变化多少才能维持现有价格下的效用水平。补偿变化是基于变化前的效用水平，等价变化则是基于变化后的效用水平。

　　② 在非凸的预算集下（例如递减式阶梯定价），由于无差异曲线与预算线并非只有一个切点，可以有多个不同的切点，为求效用最大化的值，可将非凸的预算集切分成有限的小的凸集，从中选取效用最高的一个即可，前提是必须要知道效用或间接效用函数下的效用最大化时的需求曲线。

　　③ Chipman & Moore（1980）假设当价格变化而收入不变且偏好是同位相似，若 $p_1 < p_2$，则 $CV(p_0, p_1, y_0) > CV(p_0, p_2, y_0)$，此时 CV 对不同政策的福利度量将是正确的；若假设不成立，由于阶梯定价变化时价格的变化会引起潜在补贴的变化，从而使得收入变化，故 EV 才更适合应用到非线性定价的福利分析中。

social welfare），它通过赋予表示不平等程度的权重值来进行福利计算[1]。此外，Reiss & White（2006）使用蒙特卡洛模拟来解决微观数据不足的问题，用以计算整体居民的福利变化和效用。除了常用的等价变化和补偿变化外，伦泽蒂（Renzetti，1992）、加西亚·巴丽娜（Garcia - Valiñas，2005）使用最优的价格理论——Ramsey 定价来分析价格变化所带来的福利效应。另外，由于大多数福利效应的测算不可避免地要用到居民收入，为了克服居民收入无法准确统计的缺点，梅兰和冯·赫希豪森（Meran & von Hirschhausen，2009）提出使用半—福利主义的方法进行了分析。

（四）分时与组合定价效果研究

除了阶梯定价的形式外，一些地区为了达到多元化目标，还设置了分时定价、实时定价，以及不同定价方式相结合的形式，如阶梯与分时定价配套实施。因此，本节也将针对相关研究做一些整理。

1. （峰谷）分时定价

分时定价可以按天分时，按月分时，也可以按不同季节进行分时，其中应用最多的是将一天当中的不同时段进行划分的峰谷分时定价。布瓦特（Boiteux，1949；1951）和斯坦纳（Steiner，1957）被认为是峰谷定价理论的创始者，其后的研究都基于二者工作展开。在峰谷定价下需要考虑需求与供给不确定性问题，在首次由布瓦特（1951）提出后，布朗和约翰逊（Brown & Johnson，1969）进行了详细研究，二者建立了一个效用模型，使得在面临不确定的需求时能够进行固定容量选择，类似的研究还有维切斯（Visscher，1973）、克鲁和克雷恩多佛（Crew & Kleindorfer，1976）、卡尔顿

---

① 对于给定的个人收入 $y_k(k=1, 2 \cdots k)$，阿特金森社会总福利的计算公式为 $w = \frac{1}{k} \sum_1^K \mu(y_1)$，$\mu(y_i) = y_i^{1-\rho}/(1-\rho)$，其中代表受到不平等对待的程度。当 $\rho = 0$ 时，阿特金森社会福利函数就等于功利主义社会福利函数，$\rho = 1$ 时等于纳什社会福利函数，当 $\rho = \infty$ 时等同于罗尔斯社会福利函数。通常 ρ 的取值在 0 与 2 之间。

（Carlton，1977），但以上所有的文献均未考虑到供给方的不确定性。在前人研究基础上，克雷恩多佛和费尔南多（Kleindorfer & Fernando，1993）考虑了供给与需求都不确定情形下的峰时定价方法。但最主要的研究大多仍是对定价策略实施后的实际需求和实施效果进行分析。菲利皮尼（Filippini，2011）对居民峰谷分时电价下的需求弹性进行了测算，短期的自价格弹性小于 1，长期内大于 1，且短期与长期的交叉价格弹性为正，结果还表明峰谷电力需求是可以互相替代的。

赫特等（Herter et al.，2007）对加利福尼亚州居民的分时定价（TOU）进行了研究，认为居民部分对需求侧的用电响应起了很大贡献。（Taylor 等，2005）对其实施效果进行研究后，指出其显著降低了负荷率，缓解了高峰期需求。赫特（2007）还对实施分时定价的处于不同用电量和收入层次的居民进行了详细研究，发现低用电量用户在减少的百分比上比较多，高用电量用户在减少的绝对量上比较多，且中、低收入阶层中的高用电量用户应是主要的能源节约对象。

国内的分时定价主要是峰谷分时，有关研究主要集中于现状、结构设计与效果分析上。相比较来说，在时间上国内分时（峰谷）定价的实施要比阶梯定价早，故对纯分时（峰谷）定价的研究要早于阶梯定价。赵娟等（2005）对各地峰谷时段的划分及电价的设计进行了总结与分析，对分时电价未来的发展做出了预测。吴运生等（2005）介绍了分时电价经济学上的理论依据，以上海为例对分时电价的应用及效果进行了分析，并提出了未来改革与发展的趋势。罗运虎等（2008）对分时定价的研究现状进行了综述，并从量化分析、机制设计、风险管理以及协调优化角度提出了当前该领域需要研究的问题，指出分时定价在考虑经济性的同时，要以量化指标反映负荷短时激增后所付出的事故风险，兼顾可靠性与经济性。

结构设计上，曾鸣等（2003）给出了从成本侧推算上网峰谷分时电价的理论方法，研究并确定了上网侧和销售侧峰谷分时定价的数量关系。丁伟等（2005）提出使用电价弹性矩阵的方法来测量峰谷分时电价的响应，并将满意度分为用电方式满意度和用电支出满意度两方面，对峰、平、谷时段的价格进行优化决策。刘严等（2005）建立了用户对分时电价的反应模型，给出模型求解方法的同时得出了最优时段划分及相应电价设计方法。谭忠富等（2007）提出了发电侧与供电侧分时电价联动的2级优化模型，以平衡发电公司与供电公司之间的成本效益，达成发电侧与供电侧的价格联动，并合理分配峰谷电价带来的利益与风险。陈建长和黄锟宁（2006）考虑了需求侧、售电侧、上网侧三方的利益平衡，建立了基于需求侧响应的分时电价联动模型。赖佳栋等（2009）以运行风险为控制变量，用模糊聚类方法进行了峰谷时段划分，同时建立了兼顾用户与电网公司两方利益的分时电价数学模型。

2. 实时定价

伯伦斯坦（2005）则研究了实时定价（RTP）长期对竞争性电力市场效率的影响，发现即便RTP下的需求价格弹性较小，但对效率的改进影响比较大。利琴生（Lijesen，2006）量化了实时价格与电力现货市场之间的关系，发现现货市场上的实时价格弹性较低。而奥尔科特（Allcott，2011）则发现实时电价使得居民在峰时减少消费量，但在谷时的消费并未显著增加。沃拉克（Wolak，2007）得出尖峰时期实行RTP的实验组会比控制组少消费12%。

在居民用水方面，达尔比（Darby，2000）对38个试点项目进行了分析，发现实行RTP后居民用水减少了5%～14%。法里基等（Fariqui et al.，2010）对北美实行RTP的试点研究后，发现用水量会平均减少7%，当实行预收款时，节约量会加倍。萨克斯顿（Sexton，1989）、松川（Matsukawa，2004）、杰斯奥和瑞普森（Jessoe & Rapson，2012）还对加入了反馈机制，即对当消费者能够实时观测到个人消费信息时的RTP或TOU的定价进行了分析。杰斯奥和瑞普森（2012）却发现当消费者获得更多价格和消费量信息时，会导致其在价格上有一个明显的增加。而克卢格和杰尼西（Kluger & DeNisi，1996）则认为对消费者提供及时地反馈会使得其关注转向另一个不同的信息集，效果更糟。斯特朗和格马恩斯（Strong & Goemans，2015）对 IBP 下安装了实时水表的居民进行了分析，发现实时消费量的获得使得居民更多的关注在某档边界内消费，而对价格的关注较少，即使效果没有变差，也使得消费者行为较没有反馈之前更少地与传统经济学理论相一致。费舍尔（Fischer，2008）认为一个好的反馈信息的机制必须是一个能够计算和互动，且在长时间内提供连续信息的工具。

3. 组合定价

现有文献对组合定价的研究不仅包括常见的分时与阶梯组合，还有实时与阶梯组合，以及实时与分时组合。塞克斯顿（Sexton，1989）对分时（TOU）与实时（RTP）相结合的情形进行了研究，发现消费者在谷时消费增加，且总消费平均增加了 5.5%。松川（2004）发现 IBP 定价下，装有监控装置较不安装监控装置时导致消费量较大程度的减少，但监控装置并不会影响消费者对价格的反应。李宇等（2012）将阶梯电价与峰谷电价结合起来进行结构设计，构建了在第 2、3 档阶梯内实行分时电价的联合优化设计模型，切实满足各方利益的同时实现社会资源优化配置。张红燕和崔雪（2013）通过建立模型和计算机仿真，建立了峰谷与阶梯相结合的联合电价。在实证效果分析上，郭玲丽和董如（2009）以重庆为例，对峰谷分时电价的实施效果进行了分析，发现现有定价对供电企业来说是不利的，应该进一步调整峰谷电价水平。谭忠富（2009）根据节能发电调度原则，构造高峰时段发电端节煤影响分析模型，表明峰谷电价差率对发电端节能具有显著效果。另外，雷霞和刘俊勇（2006）对丰枯和峰谷相结合的电价进行研究，以四川省为例，指出实际中的问题并提出解决建议。

2.2.3 现有研究的不足

IBP 复杂的定价结构历来是研究的难点与热点。经过多年不断地发展，其理论与研究方法日趋完善。由以上对相关领域文献的总结，可看出对阶梯定价的研究有许多不同的方法和技术，大多数研究结果均显示阶梯定价（特别是 IBP）的经济性与社会性目标确实能实现，但更具体的变化或实现程度则依赖于实际定价策略和样本。

但现有研究仍存在着一些不足之处：（1）阶梯定价机制下需求估计的方法较多，但并未有一个得到广泛认可的较为统一的方法或框架，虽然 DCC 模型刻画得较为准确，但对数据的高要求限制了其应用范围；（2）由于起步较晚，国内阶梯定价研究文献相对较少，主要集中于电力领域中，且更多的是关于 IBP 的理论分析与结构设计，实施后效果评估的相关文献虽然也渐呈增多趋势，但仍较少；（3）未来阶梯定价大范围的施行，加之与峰谷等定价机制的结合，必然要求研究范围不仅限于阶梯定价，与其他定价机制（分时定价）相结合的组合定价也应当成为主流研究方向和研究热点，其对政策实施与机制设计有着非常重要的参考和借鉴意义，但由于复杂的定价结构，现有文献对组合定价的研究较少（特别是在实施效果分析上）。而后文也将针对这些不足作出一定的补充与完善。

2.3

小结

本节对国内外有关阶梯定价的研究文献进行了全面梳理与概括，完整展示了研究成果与结论，为接下来的研究奠定理论基础。本章首先对非线性定价做了简单介绍，并进一步分析了阶梯定价（尤其是递增阶梯定价）的结构、特点和相关约束，指出其与统一线性定价形式的不同，以及由此带来的效果。然后，对国内外有关阶梯定价的文献（也涉及了部分分时定价文献）进行了梳理与归纳，总结了现有研究结论及成果。本章对阶梯定价的主要结论有 5 点。

第一，应用范围较广。从普通商品的销售到公共用品的使用，从具有一定市场份额或势力的私营厂商到对市场具有完全垄断能力的公用事业单位，只要具备非线性定价存在的条件，都可以看到其在实际中的应用。与统一定价（线性定价）不同，非线性定价通过数量折扣和数量补贴等形式，在成本、效率和竞争中起着重要的作用，使得其应用范围较广。

第二，定价结构的特殊性。作为非线性定价的一种，阶梯定价分档的定价结构具有一定特殊性与复杂性，这不仅使得需求估计中产生了严重内生性问题，同时不连续尖点的存在使得消费者预算约束呈现分段线性，故对估计方法和技术的要求相对较高。但也正因其不同档次上对不同数量征收不同价格，才能够在经济性与社会性的双重目标上取得其他定价结构无法取得的效果，并作为政策调节工具而在资源、能源等领域得到广泛应用。

第三，阶梯电价的广泛应用源于内外部环境的变化。阶梯电价的实施不仅源于外部环境的变化，同时还在于其能够兼顾经济性与社会性双重目标的内部因素。由于能源的持续紧缺、价格的不断上涨，以及燃烧化石能源带来的严重污染，电价管制下的厂商面临着严重的成本压力和环境压力，而阶梯定价用量越多收费越高的特点，不仅能够促进节约，保证厂商正常利润，还能实现富人补贴穷人的目标，且许多理论与实证文献也相继验证了其优点。故随着电力市场化的改革，原有低效率的统一定价模式逐渐被阶梯定价所代替。

第四，国外相关研究文献更为丰富。总体上看，由于国内对IBP 的实践相对较晚，导致相关文献比较缺乏，且更多集中于理论分析和前期结构设计，对实施后的消费者行为和效果则分析得比较少。而国外对阶梯定价结构研究的文献较多且早于国内很长时间，经过多年不断地发展，理论与研究方法日趋完善，主要集中于对估计方法、实施效果测算等的分析与探讨上。

第五，研究技术与方法层出不穷。由于定价结构的复杂性，IBP 历来是研究的难点与热点。在估计方法上，传统的 OLS 需求估计方法无法使用，逐渐发展起来的简化估计、基于离散/连续选择问题的最大似然估计等方法能把价格变化、收入变化和消费者异质性问题考虑在内，从而得到广泛的应用。除此之外，新的一些研究则朝着单独分离出价格效应的方向发展。而对于其中的价格变量选取，由于认知成本或外生因素的影响，不同样本或群体的反应价格并不相同。一些研究显示消费者并非一定如标准理论认为的那样对实际的边际价格作出反应，而是对平均价格或其他价格反应。所以，在采用价格变量时比较谨慎的做法是将可能出现的价格进行检验以确定最终认知价格，或如伊藤（Ito, 2014）所示直接进行实际认知价格的测算。在计算定价策略变化带来的影响上，主要针对消费者剩余与社会福利进行测算，较主流的方法是使用希克斯需求曲线下的补偿变化 CV 与等价变化 EV。除此之外，也有对价格变化所带来的相关支出与需求变化的研究。而对于阶梯定价与其他的定价方式（分时定价）相结合的文献研究，不仅相对较少，且研究方法较为匮乏。

第3章

阶梯电价结构设计：国际审视与档数验证

现阶段，阶梯定价在全球主要国家或地区都已有了广泛的应用与实施，如美国、加拿大、澳大利亚、日本、韩国等，且主要应用于水、电等较为稀缺的能源、资源领域。中国在2004年开始了居民用电领域的阶梯定价试点工作，并于2012年在全国范围内正式推广。虽然应用较为广泛，但目前尚没有文献对国内外阶梯电价的实施进行一个系统地分析与总结，而此内容不仅将有助于从全球视野了解与把握阶梯电价政策，也对国内阶梯电价的实施也有着非常重要的借鉴意义。因此，本章将系统地对国内外的阶梯电价实施进行分析和规律上的总结，为以后的定价政策提供现实依据。

本章主要内容有：第一节是阐述阶梯电价在国内外的结构设计，并在此基础上对定价结构的特点和规律进行分析；第二节则根据国家和地区样本，分析影响阶梯电价实施及结构设计的因素，并验证中国阶梯电价结构设计的合理性；第三节则是本章主要内容和结论的小结。

3.1

阶梯电价国际审视

许多国家或地区都将阶梯定价应用在电力机制设计中，以达到不同目标或效果。但由于人文、地理、社会环境的不同，不同国家和地区的定价结构并不相同。此外，除了设置阶梯电价外，一些国家或地区还考虑了峰谷用电与季节用电的情况，辅以分时定价。对于此情形，本节将对国内外阶梯电价的实施状况进行系统总结，根据可收集到的信息，分析国内及其他23个国家（地区）的电价设定特点及规律，并作比较。另外，本节还将综合对影响阶梯电价实施及结构设计的因素进行分解，这将对定价设计提供有益参考。

3.1.1　国外结构设计及规律

本书共收集了23个实行阶梯电价的国家或地区，分别是中国台湾、中国香港、日本、韩国、印度、澳大利亚、马来西亚、菲律宾、泰国、埃及、也门、沙特阿拉伯、叙利亚、摩纳哥、伊拉克、加拿大、美国加利福尼亚州、美国德克萨斯州、美国新泽西州、美国新墨西哥州、美国爱荷华州、美国纽约州、美国佛罗里达州，范围覆盖欧洲、亚洲、大洋洲，阶梯档数在2~8档不等。

（一）国外结构设计

首先列出23个国家和地区的具体定价结构。由于美国州数较多，会将其单独列出。表3－1为16个国家和地区的居民阶梯电价结构，表3－2为美国7个州的阶梯电价结构。

由表3－1可以发现，不同国家与地区的阶梯定价结构均不相同。以亚洲国家和地区来看，日本东京电力公司第1档与第2档的分界电量为120千瓦时，第2档与第3档的分界电量为300千瓦时，且第2档电价与第3档电价分别是第1档电价的1.31倍、1.39倍；香港中华电力公司将用电量分为4档，每俩月计算一次，分档电量为400千瓦时、1000千瓦时、1800千瓦时；台湾电力公司将用电量分

表3-1 16个国家和地区的居民递增阶梯电价

国家和地区	单位	第1档	第2档	第3档	第4档	第5档	第6档	第7档	第8档
日本（东京电力公司）	千瓦时/月	0~120	121~300	301~	—	—	—	—	—
	日元/千瓦时	16.05	21.04	22.31	—	—	—	—	—
韩国（KEPCO公司）	韩币元/千瓦时 高压	55.1	113.8	168.3	248.6	366.4	643.9	—	—
	韩币元/千瓦时 低压	52.4	89.3	132.5	192.5	288.9	521.7	—	—
	千瓦时/月	0~100	101~200	201~300	301~400	401~500	501~	—	—
印度（Torrent Power公司）	千瓦时/月	0~50	51~100	101~200	201~250	251~300	301~	—	—
	派土/千瓦时	270	290	335	350	380	415	—	—
中国台湾（台湾电力公司）	千瓦时/月	0~110	111~330	331~500	501~700	701~	—	—	—
	台币元/千瓦时 夏季	2.1	2.87	3.85	4.11	4.47	—	—	—
	台币元/千瓦时 非夏季	2.1	2.54	3.09	3.24	3.48	—	—	—
中国香港（中华电力公司）	千瓦时/2月	0~400	401~1000	1001~1800	1801~	—	—	—	—
	港元/千瓦时	0.854	0.924	0.988	1.074	—	—	—	—
马来西亚（Sabah区/SESB公司及W.P. Labuan区/SESB公司）	千瓦时/月	0~40	41~200	201~	—	—	—	—	—
	马元/千瓦时	0.24	0.16	0.28	—	—	—	—	—

续表

国家和地区	单位	第1档	第2档	第3档	第4档	第5档	第6档	第7档	第8档
菲律宾 (meral公司)	千瓦时/月	0~200	201~300	301~400	401~	—	—	—	—
	比索/千瓦时	0.57	0.88	1.16	1.66	—	—	—	—
泰国 (eppo公司)	千瓦时/月	1~5	6~15	16~25	26~35	36~100	101~150	151~400	401~
	泰铢/千瓦时	0.00	1.36	1.54	1.80	2.18	2.27	2.78	2.98
埃及 (埃及电力控股公司 EEHC)	千瓦时/月	1~50	51~200	201~350	351~650	651~1000	1001~	—	—
	美元/千瓦时	0.0087	0.016	0.0217	0.0313	0.0443	0.0539	—	—
也门 (也门公共电力公司) 城市	千瓦时/月	1~200	201~350	351~700	701~	—	—	—	—
	美元/千瓦时	0.0233	0.0407	0.0582	0.0989	—	—	—	—
也门 农村	千瓦时/月	1~100	101~	—	—	—	—	—	—
	美元/千瓦时	0.0407	0.0989	—	—	—	—	—	—
沙特 (水利电力部)	千瓦时/月	0~2000	2001~4000	4001~6000	6001~7000	7001~8000	8001~9000	9001~10000	100001~
	美元/千瓦时	0.0133	0.0266	0.0320	0.04	0.0533	0.0586	0.0639	0.0693
澳大利亚 (Energy Australia)	千瓦时/月	0~1750	1751~	—	—	—	—	—	—
	澳元/千瓦时	0.1287	0.1793	—	—	—	—	—	—
伊拉克	千瓦时/月	1~450	451~900	901~1500	1501~2100	2101~3000	3001~5000	5001~	—
	美元/千瓦时	0.0066	0.0123	0.0164	0.0246	0.0369	0.0877	0.2295	—

续表

国家和地区		单位		第1档	第2档	第3档	第4档	第5档	第6档	第7档	第8档
摩纳哥		千瓦时/月		0~100	101~200	201~500	501	—	—	—	—
		迪拉姆/千瓦时		0.90	0.97	1.05	1.44	—	—	—	—
叙利亚		千瓦时/月		1~50	51~100	101~200	201~300	301~	—	—	—
		美元/千瓦时		0.005	0.007	0.01	0.015	0.05	—	—	—
加拿大	安大略省（Ontario Energy Board）	千瓦时/月	夏季	1~600	600~						
			冬季	1~1000	1000~						
		千瓦时/美元	夏季	0.078	0.091						
			冬季	0.083	0.097						
	魁北克省（Hydro Quebec）	千瓦时/月		1~900	900~						
		美元/千瓦时		0.0541	0.0778						

资料来源：国家电网及各地电力公司的官方网站。

注：由于电价结构的收集比较困难，不同地区的电价所属年份存在一定差距。加拿大的电价数据为2013年，而其余地区的所属年份为2011年。另外，加拿大安大略省的夏季为5~10月，冬季为11月~次年4月。

为 5 档，每档电量为 110 千瓦时、330 千瓦时、500 千瓦时、700 千瓦时，从第 2 档开始，每档电价都分夏季与非夏季两种价格，非夏季价格略低于夏季价格，但仍比第 1 档要高；韩国档数相对较多，共有 6 档，每档分界电量相差 100 千瓦时，且电价分高压与低压两种情况；菲律宾有 4 档定价结构，分界电量分别为 200 千瓦时、300 千瓦时、400 千瓦时，每档相差 100 千瓦时；马来西亚共分 3 档，分界电量分别为 40 千瓦时、200 千瓦时；印度分为 6 档，每档分界电量增加值基本保持不变，分界电量分别为 50 千瓦时、100 千瓦时、250 千瓦时、300 千瓦时。

此外，其他地区，如加拿大和澳大利亚，二者定价结构均为 2 档，且 1 档、2 档间的分档电量相对较高。特别是澳大利亚，第 1 档电量最高，为 1750 千瓦时，超过 1750 千瓦时的将进入到第 2 档计算，且第 2 档电价较第 1 档电价的差距并不太大，为第 1 档电价的 1.4 倍，此种结构并不利于节约目标的达成；而埃及、伊拉克、沙特、泰国的档数较多，分别为 6 档、7 档、8 档、8 档，其中埃及、伊拉克随着档次的提高，电量增幅越小，沙特、泰国正好相反，档次越高，电量增幅越大，且在最初 1、2 档上的分界电量增加值最小，前档仅比后档高出 10 千瓦时，在第 5 档幅度才开始提高，但与其他国家相比增加电量仍较少，用户非常容易进入到高档上去，另外还需注意的是，泰国第 1 档 1 千瓦时 ~ 5 千瓦时并不收费，相当于设置了一个免费电量；其余国家或地区的定价结构均分布在 2 ~ 5 档上，其中，摩纳哥为 4 档，分档电量分别为 100 千瓦时、200 千瓦时、500 千瓦时，叙利亚为 5 档，分档电量分别为 50 千瓦时、100 千瓦时、200 千瓦时、300 千瓦时，而也门农村与城市的定价结构不同，城市为 4 档，农村仅为 2 档。

20 世纪 80 年代，美国开始在电力领域大范围实施递增阶梯电价方案，并辅以季节性变化。除加利福尼亚州外，大部分州的阶梯定价结构均小于 5 档。其中，德州、新泽西州、佛罗里达州、纽约（夏

表 3－2 美国 7 个州的居民递增阶梯电价结构

地区	单位	第1档	第2档	第3档	第4档	第5档
加利佛尼亚州（PG&E公司）	千瓦时/月	基准档	101%～130%	131%～200%	201%～300%	301%～
	美元/千瓦时 2008	0.1156	0.1314	0.2258	0.313	0.3588
	美元/千瓦时 2009	0.1323	0.1504	0.3192	0.3592	0.3592
德克萨斯州（First Choice Power公司）	千瓦时/月	0～400	400～			
	美元/千瓦时 夏季	0.0431	0.0753			
	美元/千瓦时 非夏季		0.0269			
新泽西州（泽西中心电力与照明公司）	千瓦时/月	0～600	600～			
	美元/千瓦时	0.1173	0.1266			
新墨西哥州（Public Service Companyof New Mexico）	千瓦时/月	1～200	200～700	700～		
	美元/千瓦时 夏季	0.0676	0.0907	0.1119		
	美元/千瓦时 非夏季		0.082	0.0855		
爱荷华州（Waverly Light and Power）	千瓦时/月	1～600	600～1100	1100～1500	1500～	
	美元/千瓦时 夏季	0.1025	0.136	0.19	0.195	
	美元/千瓦时 非夏季	0.1025	0.1025	0.1025	0.1025	

续表

地区	单位		第1档	第2档	第3档	第4档	第5档
纽约州（纽约长岛电力局）	千瓦时/月		1~250	250~400	400~		
	美元/千瓦时	夏季	0.0857	0.0975	0.0975		
		冬季		0.0787	0.0515		
佛罗里达州（Florida Power and Light）	千瓦时/月		1~1000	1000~			
	美元/千瓦时		0.0845	0.10484			

资料来源：各地电力公司的官方网站。

注：各地电价所属年份均为2013年。不同地区的冬夏季所涉及的月份并不相同；其中，新墨西哥州夏季为6~8月；爱荷华州夏季为6~9月；纽约夏季6~9月实行递增，冬季10月~次年5月实行递减；安大略省的居民平均10个里面有1个实行阶梯电价，大部分是分时电价。

季）实行2档定价结构，新墨西哥州、纽约（冬季）实行3档定价结构，爱荷华实行4档定价结构，需注意的是纽约夏季实行递增式，而到了冬季则实行递减式。此外，德州、新墨西哥州、爱荷华州、纽约州、佛罗里达州还将夏季与非夏季区分开，随季节变化调整每档的电量或电价。几个州中，以加利福尼亚州的定价结构最陡峭且最具代表性。2000年末~2001年6月，加州爆发了史上最为严重的电力危机。危机发生前，加州三大电力公司［太平洋天然气与电力公司（PG&E）、南加州爱迪生电力公司（SCE）、圣地亚哥天然气与电力公司（SDG&E）］均实行2档的阶梯电价结构，第2档边际价格比第1档高出15%~17%。在电力危机发生之后，鉴于发生的亏损，三大电力公司试图通过提高价格来增加收入，但考虑到提价对低收入群体的影响，管制机构设置了5档电价结构。第一档为基准档，其电量称之为"基准线电量"，它一般根据不同地区的平均用电量确定。考虑到地区平均用电量会受财富水平、天气状况、家庭规模、家用电器等因素的影响，因此，每个电力公司的管辖地区都分成若干个不同基准线电量的区域。如PG&E管辖的地理范围分成10个，SCE管辖范围分成6个，SDG&E管辖范围分成4个。以后的每档都按比基准档多出一定电量来定，其中，前两档的电量保持危机发生之前的水平，随着档次升高，电量增幅渐渐变大，第5档电量是第1档的3倍，仅覆盖当时全部居民用户数量的6%~9%。同样，第1档、2档上的电价也维持危机之前的水平，电力公司通过新增的3档、4档、5档上的电价来增加收入，其中，2008年的第2档电价比第1档高出13.67%，第3档比第1档高出95.3%，第4档比第1档高出171%，第5档比第1档高出210%。除此之外，加州还设立了专门针对低收入人群的加州能源价格替换（CARE）项目，专门有适用于低收入人群的更具针对性的低价格。在CARE下，PG&E针对低收入群体有两档电价，且均比标准电价要低，SCE和SDG&E针对低收入群体有五档电价，每档电价也都比非CARE项目下的标准电价要低。

总体来说，23 个国家和地区中，实行 2～8 档的分别有 5、4、5、3、3、2、1 个，大多数集中在 2～6 档，也有的是 7 档或 8 档；其次，由于气候与社会因素的不同，使得分界电量和电价也并不相同；另外，除了阶梯结构外，有些地区还实行季节分时定价，不同季节或时期的电量或电价为适应气候因素的影响会有所变化。

（二）国外实施规律

本节将根据这 23 个样本，总结出定价结构设计的一般性规律和特点①。

1. 电量设置及特点

23 个国家或地区中，美国的 3 个州（田纳西、新泽西、佛罗里达）、加拿大 2 个省（魁北克、安大略）、澳大利亚和也门（农村）均实行 2 档递增阶梯电价。其中，除了也门农村，其余地区第 1 档与第 2 档的分界电量都比较高，每档电价相差并不是很大，定价结构设置并不陡峭，在电力资源节约方面并不能起很大作用。对于实施 3 档及以上档数的地区，本节将其每档上限电量与首档上限电量的倍数做一个简单的统计分析。如表 3－3 所示。

表 3－3　　　　国际递增阶梯电价结构中的电量分析

国外		第 2 档/第 1 档	第 3 档/第 1 档	第 4 档/第 1 档	第 5 档/第 1 档	第 6 档/第 1 档	第 7 档/第 1 档
均值	全部	2.464	3.732	5.837	10.278	15.203	42.5
	发达	2.329	3.402	4.453	5	—	—
	发展中	2.58	3.98	6.53	11.33	15.20	42.5
	邻近地区	2.79	3.81	5.79	12.5	30	80

① 由于数据的收集存在较多困难，表 3－1、表 3－2 中的电价数据在年份上存在差异，但所幸年份差距并不大，且电价结构在短期内并不会产生太大变化，因此对统一的比较分析不会产生实质影响。

续表

国外		第 2 档/ 第 1 档	第 3 档/ 第 1 档	第 4 档/ 第 1 档	第 5 档/ 第 1 档	第 6 档/ 第 1 档	第 7 档/ 第 1 档
方差	全部	0.98	1.35	3.00	7.58	13.23	53.03
	发达	0.49	2.27	2.98	—	—	—
	发展中	1.19	1.50	3.39	7.97	13.23	53.03
	邻近地区	1.11	1.26	1.58	10.6	—	—
最小值	全部	1.3	1.364	3	4	4.5	5
	发达	1.3	1.364	3	5	—	—
	发展中	1.5	2	3.5	4	4.5	5
	邻近地区	1.5	2	4	5	30	80
最大值	全部	5	7	13	20	30	80
	发达	3.5	5	6.36	5	—	—
	发展中	5	5	13	20	30	80
	邻近地区	5	5	7	20	30	80

注：邻近地区为 23 个国家和地区中与中国内陆接壤或较近的地区，包括：中国台湾、中国香港、日本、韩国、马来西亚、菲律宾、泰国（除中国香港、中国台湾外，其余均属东亚、东南亚）；23 个地区中发达国家或地区包括美国的加州、田纳西州、新泽西州、新墨西哥州、爱荷华州、日本、中国香港、中国台湾、澳大利亚、韩国、摩纳哥，其余的为发展中国家。

根据表 3-3，平均来看，随着档数提高，23 个国家和地区每档上限电量对首档的倍数是逐渐增高的，但不同档次的增加幅度并不相同。通过进一步细分，可以得出一些规律。

（1）随着档数提高，电量及其较首档的倍数也逐渐增加。全部 23 个国家和地区的倍数均值从一开始 2 档、3 档的 2.5 倍、3.7 倍，到第 4 档、5 档、6 档、7 档上的 5.8 倍、10.3 倍、15.2 倍、42.5 倍，增加幅度越来越大。将其细分为发达、发展中和邻近地区后，倍数同样也随着档数的上升而增加，发达地区的倍数在 2.3～5 之间，发展中在 2.6 ~ 42.5 之间，邻近地区的在 2.8 ~ 80 之间。因此，无论是从全部地区，还是发达、发展中和邻近地区的均值来看，不仅每档上限电量是增加的，其对首档的倍数也是逐渐增加的，且档数越高增加幅度越大。

（2）各国和地区在低档上的电量倍数设置比较接近，档数越高差异越大。表中全部地区第 2、3 档的上限电量平均是首档的 2.5 倍、3.7 倍，方差是 0.98、1.35，相比于较高档次上的方差 3、7.58、13.23、53.03，第 2 档、3 档的方差较小，说明各国和地区在设定低档上限电量时，总体比较相似，一般在 2 ~ 3 倍，3 ~ 4 倍之间，并未偏离均值太多。随着档数提高，倍数设置有较大差异。从第 4 档开始，各地区的倍数在 3 ~ 13 倍之间，第 5 档在 4 ~ 20 倍之间，第 6 档在 4.5 ~ 30 倍之间，第 7 档在 5 ~ 80 倍之间，逐渐拉开差距。故总体上，各地区在较低档上的电量倍数设置更为相似。

（3）发达地区每档电量倍数设置相对较低，发展中设置较高。由表中均值可看出，将 23 个国家和地区细分后，发展中和邻近地区每档的倍数较高，不仅高于发达地区，也高于平均水平，而发达地区的倍数设置最低，低于平均、发展中和邻近地区水平。以发展中地区前 4 档为例，每档倍数的取值范围在 1.5 ~ 5、2 ~ 5、3.5 ~ 13、4 ~ 20 间，而对应的发达地区取值范围在 1.3 ~ 3.5、1.36 ~ 5、3 ~ 6.36、4 ~ 5 间，这说明发展中国家每档电量跨度范围相对发达地区要大。另外，邻近地区的倍数设置也较高，虽然有些档数并不高于发展中地区，但已高于平均地区与发达地区，且在第 2 档上的倍数最高、电量跨度最大。

（4）发达地区电量倍数设置较为相近，发展中地区间差异较大。由表 3-3 可看出，发达国家每档的方差分别为 0.49、2.27、2.98，相对于全部国家、发展中国家与邻近地区的方差来说，发达国家方差最小，说明发达国家之间电量倍数设置较集中一些。此外，发展中国家每档的方差分别为 1.19、1.50、3.39、7.97、13.23、53.03，除第 5 档的方差低于邻近地区外，其余档数方差都不小于其他分类方差，这说明发展中国家之间的电量设置最分散，不同地区每档电量跨度的设置差别较大。

　　总体而言，在电量设置方面，虽然各个地区在不同档次下有不同电量，但其他档次上的分界电量对首档的倍数还是有一定规律可循。首先，分界电量随着档数的增加而增加，且档数越高增加幅度越大；其次，大多数地区最初 2 档、3 档上的电量倍数设置相对比较接近，均值为 2.5、3.7，但档数再高时则差异较大；最后，发达地区每档电量倍数设置较低，且相互间差异较小，而发展中地区则设置较高，不同地区倍数设置差异也较大。

　　2. 电价设置及特点

　　对于 23 个国家和地区的电价而言，同电量一样，也呈总体上升趋势。其中，各个国家在第 2 档、3 档、4 档的电价倍数值比较集中，5 档及以上越来越分散。由于拥有 7 档和 8 档电价结构的国家分别只有 2 个和 1 个，观察值较少，因此，本书只着重分析 2 ~ 6 档的电价结构。同电量一样，将各国电价对首档电价的倍数做统计分析，具体如表 3 - 4 所示。

表 3 - 4　　　　　国际递增阶梯电价结构中的电价分析

国外		第 2 档/第 1 档	第 3 档/第 1 档	第 4 档/第 1 档	第 5 档/第 1 档	第 6 档/第 1 档	第 7 档/第 1 档	第 8 档/第 1 档
均值	全部	1.425	1.866	2.738	4.406	6.528	3.5	5.21
	发达	1.358	1.757	2.492	3.96	11.69	—	—
	发展中	1.57	1.962	2.923	4.628	5.496	3.5	5.21
	邻近地区	1.31	1.71	2.45	3.48	6.87	2.2	—
方差	全部	0.158	0.336	1.084	2.778	4.939	1.838	
	发达	0.094	0.367	1.244	5.662	—		
	发展中	0.517	0.573	1.017	3.147	4.744	1.838	
	邻近地区	0.43	0.68	1.31	2.75	6.82		

续表

国外		第2档/ 第1档	第3档/ 第1档	第4档/ 第1档	第5档/ 第1档	第6档/ 第1档	第7档/ 第1档	第8档/ 第1档
最小值	全部	0.67	1.16	1.26	1.41	1.54	2.2	5.21
	发达	1.08	1.16	1.26	2.13	11.69	—	—
	发展中	0.67	1.17	1.3	1.41	1.54	2.2	5.21
	邻近地区	0.67	1.16	1.26	1.67	2.04	2.2	—
最大值	全部	2.43	3.05	4.5	10	13.29	4.8	5.21
	发达	2.07	3.05	4.5	6.65	11.69	—	—
	发展中	2.43	2.5	4.24	10	13.29	4.8	5.21
	邻近地区	2.07	3.05	4.51	6.65	11.69	2.2	—

注：由于一些地区的定价结构有冬夏季之分，为计算方便，本表仅选取了夏季的定价结构；泰国第一档的电价为0，故将其第2档按第1档计算，原有8档变为7档；伊拉克第7档电价倍数与其他地区相差太多，作为异常值将其舍弃。

由表3-4可看出，电价所表现出的特征与电量有许多相似之处。

（1）随着档数提高，电价及其对首档的倍数是逐步增加的。全部23个国家和地区中，电价总体上随着档数的升高而增加，而其较首档增加的倍数除了7档、8档有一定下滑外，其余2~5档都呈上升趋势。由表可看出，从第2档1.43倍到第6档6.53倍，档数越高电价提高幅度越大，而到了第7档、8档倍数有一定回落，分别为3.5、5.2。将其细分为发达、发展中和邻近地区后，倍数同样也随着档数上升而增加，由第2档到第6档，发达地区倍数在1.36~11.69之间，发展中地区在1.57~5.5之间，邻近地区在1.31~6.87之间。因此，无论是从全部地区，还是分别从发达、发展中和邻近地区的均值来看，不仅每档电价增加，其对首档倍数也是逐渐增加的。

（2）各国和地区在低档上的电价倍数设置较为接近，档数越高差异越大。表中全部地区第2档、3档、4档电价平均是首档的1.43倍、1.87倍、2.74倍，方差分别是0.16、0.34、1.08，相比于高档次上的方差 2.78、4.94，第 2 档、3 档、4 档的方差较小，说明各国和地区在对较低档上的电价设定时，总体比较相似，前四档电价倍数范围在 0.67 ~ 2.43 倍，1.16 ~ 3.05 倍，1.26 ~ 4.5 倍之间，并未偏离均值太多。随着档数提高，倍数设置有较大差异。第 5 档、6 档分别在 1.41 ~ 10 倍，1.54 ~ 13.29 倍之间，逐渐拉开差距。总体上，各地区在较低档上的电量倍数设置更为相近，高档上各地区之间电价倍数相差越大，越无规律可循。

（3）发展中国家电价倍数设置较高，发达地区设置较低，邻近地区最低。从前 5 档来看，全部国家（地区）每档电价倍数均值为 1.43、1.87、2.74、4.41，而发达国家每档电价倍数均值分别为 1.36、1.76、2.49、3.96，发展中国家分别为 1.57、1.96、2.92、4.63，邻近地区分别为 1.31、1.71、2.45、3.48。按由高到低排序分别为发展中、全部、发达、邻近地区，即发展中国家电价倍数最高，发达国家电价倍数设置明显低于全部和发展中地区水平，而与中国大陆邻近地区的电价倍数设置较低。

（4）发达地区电价倍数设置较为相近，发展中与邻近地区间差异较大。由表 3 - 4 可看出，发达国家每档方差分别为 0.094、0.367、1.244、5.662，相对于全部国家、发展中国家和邻近地区的方差来说，发达国家方差最小，说明发达国家之间电量倍数设置较相近，设置较集中。而发展中国家与邻近地区在前 6 档的方差最大，发展中地区分别为 0.52、0.57、1.02、3.15、4.74、53.03，而邻近地区除第 2 档方差低于发展中地区外，其余都大于它，这说明发展中地区与邻近地区间的电价设置最分散，不同地区每档电价倍数在设置上差别较大。

由此，可以看出，与电量设置类似，电价设置也呈一定规律性。总体而言，随着档数提高，电价也逐步提高，且提高的幅度逐渐增大，即对首档倍数越来越大。其中，各国和地区在较低档上的倍数设置比较相近，档次越高，差异越大；发展中地区在电价倍数的设置上最高，发达与邻近地区则较低；从相似性上说，发达国家间最为相似，倍数在设置上最为集中，而发展中国家间差异则比较大。进一步比较我们发现，发达地区的电量与电价倍数设置较低，发展中国家则相对较高，而邻近地区的电量倍数设置最高的同时电价倍数也是最低的，即每档电量幅度跨度较大的同时电价也上升得最为缓慢，结构设置最为平缓。

3.1.2 国内结构设计与问题

中国国内的阶梯电价起步较晚。2004 年才开始陆续在浙江、福建、四川三省试点，直到 2012 年才在全国范围内（除新疆、西藏外）大规模推广。相比于国外几十年的实践，国内的居民电价改革还处在刚起步阶段。本节将对国内阶梯电价的实施情况进行经验分析与梳理。

（一）试点地区实施情况

2004 年，浙江、福建首先试行阶梯电价；2006 年，四川试行阶梯电价，同时浙江、福建两地适当调整了原有 IBP 价格；2012 年 7 月，全国范围内实行阶梯电价，3 个试点地区的定价结构也相应进行了调整。三地区的 IBP 结构具体如表 3 – 5 所示。

表 3 – 5　　　　　　　　三地区的阶梯电价结构

地区	年份	指标	第 1 档	第 2 档	第 3 档	第 4 档
浙江	2004/08	千瓦时/月	0 ~ 50	51 ~ 200	201 ~	—
		元/千瓦时	0.53	0.56	0.63	—
		高峰/低谷	0.56/0.28	0.59/0.31	0.66/0.38	—
	2006/06	2006 年，每档阶梯电价与峰谷电价同时增加 0.008 元/千瓦时				
	2012/07	千瓦时/月	0 ~ 230	231 ~ 400	401 ~	—
		元/千瓦时	0.538	0.588	0.838	—
		高峰/低谷	0.568/0.288	0.618/0.338	0.868/0.588	—

续表

地区	年份	指标	第1档	第2档	第3档	第4档
福建	2004/11	千瓦时/月	0~150	151~400	401~	—
		元/千瓦时	0.43	0.44	0.5	—
	2005/11	高峰/低谷	高峰时段：0.5元/千瓦时，低谷时段：0.3元/千瓦时			
	2006/06	元/千瓦时	0.4463	0.4663	0.5663	—
	2012/07	千瓦时/月	0~200	201~400	401~	—
		元/千瓦时	0.4983	0.5483	0.7983	—
		高峰/低谷	0.5283/0.2983	0.5783/0.3483	0.8283/0.5983	
四川	2006/06	千瓦时/月	0~60	61~100	101~150	151~
		元/千瓦时（<1千伏/≥1千伏）	0.4724/0.4624	0.5524/0.5424	0.5824/0.5724	0.6324/0.6224
		低谷	低谷时段（23：00~次日7：00）：丰水期（6~10月）0.151元/千瓦时；枯、平水期（11月~次年5月）0.2295元/千瓦时			
	2012/07	千瓦时/月	0~180	181~280	281~	—
		元/千瓦时	0.5224	0.6224	0.8224	—
		低谷	低谷时段（23：00~次日7：00）：丰水期（6~10月）0.175元/千瓦时；平、枯水期（11月~次年5月）0.2535元/千瓦时			

资料来源：各地发布的电价文件。

注：浙江、福建分时电价时段划分：高峰时段8：00~22：00，低谷时段22：00~次日8：00；福建省2012年的阶梯电价计划用三年分三阶段逐步实施到位，此处为2015年最终阶梯电价价格。

　　由表3-5可看出，三地区除了实行阶梯定价外，还加入了区分高峰和低谷的分时定价。另外，四川还考虑了季节性丰枯水因素，但与强制性阶梯定价不同的是，峰谷定价由居民自主选择是否实行。三地区更具体实施情况与效果如下。

1. 浙江

2004 年，浙江省在全国最早实行阶梯电价，将电价结构分为 3 档，用电基数以城乡居民用电量水平确定。2012 年实施的新阶梯电价方案仍分为 3 档，然而电量与电价较之前发生很大变化。每档上限电量增加较多，新方案第 1 档上限电量 230 千瓦时达到了 2006 年第 3 档水平，但电价仍维持原有第 1 档水平。2011 年浙江省人均生活用电 645 千瓦时，按一户三口计算，月均家庭用电量为 161.25 千瓦时，新方案第 1 档电量远远超过家庭月均用电水平。

此外，2012 年新方案的实施使得用电量在 400 千瓦时以下的用户电价不变或比原方案还要低，电费支出并无太大变化，而用电量在 400 千瓦时以上的用户，新方案的实施使其电价上升，电费支出增多。因此，浙江省 2012 年的新方案纠正了原方案分档电量过低、未照顾到大多数城镇居民的缺点，同时对用电量过高的用户征收了更高的惩罚性电费，使得大多数居民生活用电成本不上升的同时还能形成节约意识，合理利用资源。

2. 福建

继浙江省后福建省于 2004 年也开始实行阶梯电价制度。按一户平均三口人计算，福建省 2004 年每户月均生活用电量为 78.42 千瓦时，市辖区为 153.5 千瓦时。由此可见，2004 年第 1 档电量 150 千瓦时的设置远远满足居民正常用电水平，且能够覆盖绝大多数城市居民用户。这与浙江省第 1 档主要用来照顾农村居民和少数贫困城市居民的设置是有区别的。2012 年福建省新方案中，电量只进行小幅上涨，仅首档增加了 50 千瓦时，但电价却进行了较大幅度提高。由于居民用电较 2004 年大增，小幅电量增加仅能覆盖大部分农村居民，未达到城市居民平均水平，再加之电价上涨，新方案使得所有居民的电费支出均有所增加，且相对低用电量用户而言，高用电量用户支出更多。因此，2012 年的方案制定较为严格，使得所有居民的用电成本上升，好在为稳步实施阶梯电价，福建省计划在三年内分三阶段逐步上调电价，使居民更易接受。

3. 四川

2012 年四川省新的阶梯电价方案实施，在三省中是与原方案差别最大的一个。新方案将电量由原有 4 档分为 3 档，现有 3 档电量跨度设置比原有 4 档大很多。同浙江省一样，新方案第 1 档上限电量 180 千瓦时就达到了原有第 3 档水平，电价相对于原有第 1 档增加了 0.05 元/千瓦时；电量在 101～150 千瓦时及 150～180 千瓦时时，原有电价分别为 0.5824 元/千瓦时、0.6324 元/千瓦时，而此区间在新方案中仍属第 1 档，电价仍为 0.5224 元/千瓦时；电量在 180～280 区间时，原电价为 0.6324 元/千瓦时，新电价为 0.6224元/千瓦时；当电量大于 280 千瓦时时，原电价 0.6324 元/千瓦时，新电价为 0.8224 元/千瓦时，比原电价贵。由此看来，实施新方案后，对于用电量在 60 千瓦时及以下的用户来说，电价稍微涨了一些，每千瓦时增加 0.05 元，60 千瓦时仅增加 3 元，对用电成本造成影响很小，可忽略不计；对于用电量在 60～280 千瓦时之间的用户来说，电价下降，电费支出减少；而对于用电量大于 280 千瓦时的用户来说，电价的升高使得电费支出增加。由此可看出，较原方案，四川省新阶梯电价方案更进一步向大部分居民倾斜，较原有方案而言，保证了他们的用电成本不上升甚至下降，同时向用电量高的征收更多电费，以促进节约用电，与浙江省的效果一样。

（二）全国实施情况

从 2012 年 7 月开始，除西藏、新疆以外，国内 29 个省（自治区、直辖市）实行居民生活用电阶梯电价方案。各地阶梯电价实施方案分为 3 档，电量与电价根据自身情况进行设置，发改委只给出电价增幅范围。此外，为了照顾贫困家庭，各地根据自身经济发展水平及承受能力，对城乡"低保户"和农村"五保户"家庭每户每月设置 10～15 千瓦时免费电量。29 个地区具体电价方案如表 3-6 所示。

表 3 – 6　　　　　　29 个地区的阶梯电价结构　　　　单位：元

地区	第1档		第2档			第3档			计算周期
	电量	电价	电量	加价	电价	电量	加价	电价	
北京	(0, 240]	不变 0.4883	(240, 400]	+0.05	0.5383	(400, +∞)	+0.3	0.7883	年
天津	(0, 220]	不变 0.49	(220, 400]	+0.05	0.54	(400, +∞)	+0.3	0.79	年
河北	(0, 180]	不变 0.52	(180, 280]	+0.05	0.57	(280, +∞)	+0.3	0.82	年
河南	(0, 180]	不变 0.56	(180, 260]	+0.05	0.61	(260, +∞)	+0.3	0.86	年
山东	(0, 210]	不变 0.5469	(210, 400]	+0.05	0.5969	(400, +∞)	+0.3	0.8469	年
山西	(0, 170]	不变 0.477	(170, 260]	+0.05	0.527	(260, +∞)	+0.3	0.777	月
黑龙江	(0, 170]	不变 0.51	(170, 260]	+0.05	0.56	(260, +∞)	+0.3	0.81	年
吉林	(0, 170]	不变 0.525	(170, 260]	+0.05	0.575	(260, +∞)	+0.3	0.825	年
辽宁	(0, 180]	不变 0.50	(180, 280]	+0.05	0.55	(280, +∞)	+0.3	0.80	年
陕西	(0, 180]	不变 0.4983	(180, 350]	+0.05	0.5483	(350, +∞)	+0.3	0.7983	年
江苏	(0, 230]	不变 0.5283	(230, 400]	+0.05	0.5783	(400, +∞)	+0.3	0.8283	年
上海	(0, 260]	不变 0.617	(260, 400]	+0.05	0.667	(400, +∞)	+0.3	0.917	年

续表

地区	第 1 档		第 2 档			第 3 档			计算周期
	电量	电价	电量	加价	电价	电量	加价	电价	
安徽	(0，180]	不变 0.5653	(180，350]	+0.05	0.6153	(350，+∞)	+0.3	0.8653	年
浙江	(0，230]	不变 0.538	(230，400]	+0.05	0.588	(400，+∞)	+0.3	0.838	年
湖北	(0，180]	不变 0.57	(180，400]	+0.05	0.62	(400，+∞)	+0.3	0.87	月
湖南	(0，180]	不变 0.588	春秋 3～5 月、9～11 月：(180，350] 冬夏 1 月、2 月、6 月、7 月、8 月、12 月：(180，450]	+0.05	0.638	春秋 3～5 月、9～11 月：(350，+∞) 冬夏 1 月、2 月、6 月、7 月、8 月、12 月：(450，+∞)	+0.3	0.888	月
江西	(0，180]	不变 0.60	(180，350]	+0.05	0.65	(350，+∞)	+0.3	0.90	年
福建	(0，200]	原价 +0.052：0.4983	(200，400]	+0.05	0.5483	(400，+∞)	+0.3	0.7983	月
四川	(0，180]	原第 1 档电价 +0.05：0.5224	(180，280]	+0.1	0.6224	(280，+∞)	+0.3	0.8224	月
重庆	(0，200]	不变 0.52	(200，400]	+0.05	0.57	(400，+∞)	+0.3	0.82	月
广东	夏季 5～10 月：(0，260] 非夏季 11 月～次年 4 月：(0，200]	不变 0.5807	夏季 5～10 月：(260，600] 非夏季 11 月～次年 4 月：(200，400]	+0.05	0.6307	(600，+∞) (400，+∞)	+0.3	0.8807	月

地区	第1档		第2档			第3档			计算周期
	电量	电价	电量	加价	电价	电量	加价	电价	
广西	高峰月1~2月、6~9月：(0，190] 非高峰月3~5月、10~12月：(0，150]	不变 0.5283	高峰月1~2月、6~9月：(190，290] 非高峰月3~5月、10~12月：(150，250]	+0.05	0.5783	高峰月1~2月、6~9月：(290，+∞) 非高峰月3~5月、10~12月：(250，+∞)	+0.3	0.8283	月
贵州	4~11月：(0，170] 12月~次年3月：(0，210]	不变 0.4556	4~11月：(170，310] 12月~次年3月：(210，380]	+0.05	0.5056	4~11月：(310，+∞) 12月~次年3月：(380，+∞)	+0.3	0.7556	月
云南	丰水期5~11月：不实行阶梯电价，所有电量执行0.45元的优惠电价，比现行0.483元降低0.033元								
云南	枯水期12月~次年4月：(0，170]	原价0.483~0.033：0.45	枯水期12月~次年4月：(170，260]	+0.05	0.50	枯水期12月~次年4月：(400，+∞)	+0.35	0.80	月
海南	夏季4~10月：(0，220] 冬季11月~次年3月：(0，160]	不变 0.6083	夏季4~10月：(220，360] 冬季11月~次年3月：(160，290]	+0.05	0.6583	夏季4~10月：(400，+∞) 冬季11月~次年3月：(290，+∞)	+0.3	0.9083	月
内蒙古	(0，170]	不变 0.43	(170，260]	+0.05	0.48	(260，+∞)	+0.3	0.73	月
甘肃	(0，160]	不变 0.51	(160，240]	+0.05	0.56	(240，+∞)	+0.3	0.81	月

续表

地区	第 1 档		第 2 档			第 3 档			计算周期
	电量	电价	电量	加价	电价	电量	加价	电价	
宁夏	(0，170]	不变 0.4486	(170，260]	+0.05	0.4986	(260，+∞)	+0.3	0.7486	年
青海	(0，150]	原价 0.4271～ 0.05: 0.3771	(150，230]	+0.05	0.4271	(230，+∞)	+0.3	0.6771	月

资料来源：国家发展和改革委员会发布的电价改革文件。

注：本表整理的电价均为不满 1 千伏的一户一表居民的阶梯电价，部分地区还区分了电压，在 1 千伏以上的用户较 1 千伏以下的更便宜一些；广东省各市的基础电价均不一样，但加价幅度与分档电量均相同，此处以广州市电价为例；福建的阶梯电价计划用三年分三阶段到逐步实施到位，此处为 2015 年最终阶梯电价价格；湖北省的基础电价分为有没有开征城建费，此处以武汉已开征城建费的电价为例。

　　由表 3-6 可看出，大部分地区为了多数居民的用电支出不发生太大变化，第 1 档电价基本上保持原有统一定价水平，只有四川、福建加了 0.05 元钱，而青海、云南更是分别降低了 0.05 元、0.033 元，第 2 档除了四川增加了 0.1 元外，其余地区仅增加 0.05 元，第 3 档全部地区都仅增加 0.3 元。一些省份由于考虑到季节、丰枯水及峰谷时段等因素对用电量的影响，在实行阶梯电价的同时还实行季节或峰谷电价，各地根据不同季节、月份中居民所需基本用电量的多少，来设定每档电量。其中，湖南、广东、广西、贵州、海南不同季节电量设置不同；云南实行丰枯水电价，在丰水期实行统一低费率电价，在枯水期实行阶梯电价；江苏、江西、上海、安徽、浙江、福建、四川、广东、甘肃实行峰谷电价与阶梯电价相结合的模式，由居民自愿选择是否实行，组合定价结构如表 3-7 所示。

表 3 – 7 　　 2012 年实行峰谷与阶梯组合定价地区的价格结构

地区	峰谷划分时段	高峰电价（元）	低谷电价（元）	平段电价
江西	高峰：（8：00～22：00） 低谷：（22：00～次日8：00）	第1档0.63 （原价+0.03）	0.48 （原价～0.12）	—
		第2档0.68	第2档0.53	—
		第3档0.93	第3档0.78	—
江苏	高峰：（8：00～21：00） 低谷：（21：00～次日8：00）	0.5583	0.3583	
上海	高峰：（6：00～22：00） 低谷：（22：00～次日6：00）	第1档0.617	第1档0.307	—
		第2档0.677	第2档0.337	—
		第3档0.977	第3档0.487	—
安徽	平段：（8：00～22：00） 低谷：（22：00～次日8：00）	第1档0.5953	第1档0.3153	—
		第2档0.6453	第2档0.3653	—
		第3档0.8953	第3档0.6153	—
浙江	高峰：（8：00～22：00） 低谷：（22：00～次日8：00）	第1档0.568	第1档0.288	—
		第2档0.618	第2档0.338	—
		第3档0.868	第3档0.588	—
福建	高峰：（8：00～22：00） 低谷：（22：00～次日8：00）	第1档0.5283	第1档0.2983	—
		第2档0.5783	第2档0.3483	—
		第3档0.8283	第3档0.5983	—
四川	低谷：（23：00～次日7：00）		丰水期（6～10月）：0.175	—
			平、枯水期（11月～次年5月）：0.2535	—

续表

地区	峰谷划分时段	高峰电价（元）	低谷电价（元）	平段电价
广东	高峰（14：00～17：00；19：00～22：00）	0.9582	0.2904	0.5807
	平时段（8：00～14：00；17：00～19：00；22：00～24：00）	0.9582	0.2904	0.5807
	低谷：（0：00～8：00）			
甘肃	高峰：（8：00～11：30；15：00～16：00；18：30～22：00）低谷：（23：00～次日7：00）其余时间为平时段	0.759	0.261	0.51

资料来源：各地发布的电价文件。

　　2012 年实行阶梯电价的同时又实行峰谷分时电价的共有 9 个地区，且由居民自主选择是否执行峰谷电价。由表 3 - 7 可以看出，由于自身情况不同，每个地区峰谷时段的划分并不统一。其中，江西、江苏、上海、安徽、浙江、福建对一天 24 小时的划分只有峰谷，没有平时段，其中，江西、安徽、浙江、福建的峰时段为 8：00～22：00，江苏峰时段为 8：00～21：00，上海峰时段为 6：00～22：00；四川只有低谷时段，且由于四川多为水电，平枯水时期的低谷电价并不相同；广东和甘肃的峰谷时段划分相对复杂，一天分为 5～6 个时间段，且还有平时段，广东的峰时有 14：00～17：00 和 19：00～22：00 两个时间段，低谷为 0：00～8：00，甘肃的峰时有 8：00～11：30、15：00～16：00、18：30～22：00 3 个时间段，低谷为 23：00～次日 7：00。另外，只有江西、上海、安徽、浙江、福建这几个地区明确规定了每档阶梯上的峰谷价格，其余地区并未详细给出。此外，一些未实行季节或峰谷电价的地区，也考虑到了季节用电差异，将电费计算周期由月改为年，使得季节性因素造成的电费负担可分摊在全年。

总体而言,中国阶梯电价实施后存在一些特点和问题,具体有5个方面。

1. 电量标准较初期普遍提高

全国首档电量的覆盖面达到了89%,已经高于发改委初始规定的80%,且除了北京、上海,大部分地区第1档电量标准比听证会确定的要高,有些地区甚至达到90%。此外,第2档电量容量也相应拉大。如陕西省第2档电量由原定月均120~210千瓦时或150~240千瓦时改为月均180~350千瓦时,湖北省由原定月均151~270千瓦时调整为月均181~400千瓦时,电量范围扩大了100千瓦时左右。如表3-7所示,实施后,中国29个地区的首档电量在150~260千瓦时,均值为190千瓦时;第2档上限电量在230~600千瓦时,均值为332千瓦时,较首档平均增加了74%。如表3-8所示。

表3-8 国内阶梯定价下的电量统计量

	第1档上限电量	第2档上限电量	第2档/第1档
均值	190	332	1.735
方差	28.11	74.1	0.24
最小值	150	230	1.444
最大值	260	600	3.61

注:对同一地区每档分两种季节的电量,将其分别按两个地区来计算。

2. 东部地区电量普遍高于中西部地区

总体上看,东部省份第1档电量基本在200千瓦时以上,中西部地区较低,一般在150~190千瓦时,最低的为青海和广西(非高峰月份),为150千瓦时。东部省份的第2档电量基本在400千瓦时以上,中西部地区大部分为300千瓦时以上,其余为300千瓦时以下。由此可见，东部地区的阶梯电量要大于中部地区，而中部地区又大于西部地区，这是由地区经济发展水平和居民生活水平决定的。

3. 电价增幅基本为最低标准

各地第 1 档电价除了四川、福建在原有电价基础上分别增加了 0.05 元/千瓦时、0.052 元/千瓦时，云南、青海在原有基础上分别降低了 0.033 元/千瓦时、0.05 元/千瓦时以外，其余 25 个地区的第 1 档电量不变，仍维持原价；第 2 档电价除四川在第 1 档基础上增加了 0.1 元/千瓦时外，其余地区都增加了 0.05 元/千瓦时，为国家规定的最低标准，各地区第 3 档电价在第 1 档电价基础上均按国家规定增加了 0.3 元/千瓦时。如表 3-9 所示，各地第 2 档较第 1 档电价的倍数均值在 1.1 左右，仅增加 10%，第 3 档较第 1 档的倍数均值为 1.59 左右，相对第 1 档仅增加 59%。

表 3-9　　　　　　　　　国内阶梯定价下的电价统计量

	第 1 档	第 2 档	第 3 档	第 2 档/第 1 档	第 3 档/第 1 档
均值	0.519	0.571	0.821	1.101	1.589
方差	0.056	0.057	0.054	0.021	0.075
最小值	0.377	0.427	0.677	1.081	1.486
最大值	0.617	0.667	0.917	1.191	1.796

注：一些地区的电量根据季节分两种，将两种情况均计算在内。

4. 各地电价设置不公平

阶梯电价的设置都是各省（自治区、直辖市）根据当地经济发展水平及居民用电量等因素来确定。但经过横向对比发现，全国各地间的电价设置有不公平之处。以北京为例，北京经济发展水平与居民收入在全国名列前茅，电价水平也应当相对较高，然而实际情况是除了少数几个中西部地区的电价比北京低之外，其余大部分地区都比北京高，这造成了地区间的不平等。为了对比各地电价设置情况，本书引入了表示地区综合发展程度的指标——发展与民生指数，将29个地区的首档电价和指数由高到低依次排列。具体如表3-10所示。

表3-10　　　　各地区发展与民生指数和电价排名

地区	指数排名	电价排名	地区	指数排名	电价排名	地区	指数排名	电价排名
北京	1	23	湖北	11	6	山西	21	24
上海	2	1	吉林	12	13	黑龙江	22	17
天津	3	22	陕西	13	20	内蒙古	23	28
江苏	4	11	四川	14	14	广西	24	11
浙江	5	10	海南	15	2	云南	25	26
广东	6	5	湖南	16	4	贵州	26	25
福建	7	20	江西	17	3	宁夏	27	27
山东	8	9	河北	18	15	甘肃	28	17
辽宁	9	19	安徽	19	7	青海	29	29
重庆	10	15	河南	20	8	—	—	—

注：指数数据来源于《中国发展报告2013》；加粗的省份表示指数排名与电价排名之间相差10位或以上的地区。

　　由表3-10所示，根据各地的指数与电价排名，电价设置非常不合理的地区有10个：北京、天津、福建、辽宁的综合指数排名在全国来说较高，但电价排名却较低；海南、湖南、江西、安徽、河南、广西的指数排名较低，但电价排名却偏高。这种不合理现象长久以来一直存在，阶梯定价结构并未解决这一历史问题。

　　5. 不同地区使用相同定价结构

　　此处所指的不同地区是指省份内部各个城市之间以及城乡之

间。除广东省的电价结构以市为单位外，中国其余地方的电价均以省（自治区、直辖市）为单位制定，城乡之间也使用同一种电价结构。但由于各个城市发展程度不同，加之城乡差距比较大，统一的电价结构不符合各地区实际用电情况。以湖南省为例，2012 年湖南省第一档用户数占一户一表居民用户总数的88.98%，达到国家发改委预期目标，且农村户均用电量为 43 千瓦时，远低于第一档 180 千瓦时。但是，湖南长沙市的农村、城市居民用电量和电费总支出却均出现 30% 的大幅上升，主要原因应是长沙市的经济发展和人民生活水平都远高于全省平均水平。因此，以省为单位的阶梯电价结构无法适应中国地方差异过大的状况，应进一步细化。

3.1.3　国内外比较与差异

为对比国内与国外定价结构差异，本节将进一步比较国内外定价结构设计，这将对国内电价结构的改进具有借鉴意义。

（一）档数设置比较

中国大陆地区的定价结构与日本、马来西亚的档数相一致，分为 3 档，其不仅与泰国、埃及、伊拉克、科威特等 7 档、8 档的结构相比属于较低档数设置的一类，与相近地区相比，也属于档数较低的一类，如中国台湾、中国香港、韩国、菲律宾的档数分别为 5 档、4 档、6 档、4 档。

（二）电价与电量比较

通过本章前两节对国内外居民用电领域阶梯定价结构的分析，发现与国外相比，中国在电价与电量的设置上有较大差异，如表3 - 11 所示。

表 3-11　　　　　　　IBP 下国内外的电价水平对比　　　　单位：%

地区		电价增幅		上限电量增幅
		第 2 档增幅	第 3 档增幅	第 2 档增幅
国内		10	59	74
国外	全部	43	87	146
	发达	36	76	133
	发展中	57	96	158
	邻近地区	31	71	179

　　由表 3-11 可看出，国内 29 个地区第 2 档、3 档电价对首档倍数的均值低于 18 个国家（地区）总体水平，同时也低于发达、发展中和邻近国家（地区）水平。由于发达国家人均收入相对较高，电价倍数设置比中国高一些也相对合理，但也低于发展中和邻近地区的每档电价增幅。比如，与中国发展程度比较接近或人均 GDP 少于中国的一些国家，如埃及、也门、印度，其第 2 档、3 档电价的增幅仍高于我们，说明与国际相比中国高档上的电价设置相对偏低。因此，从此角度看，国内高档上的电价仍有进一步增加的必要。另外，表 3-11 还显示，同电价一样，中国电量的增幅也低于国外水平。国内第 2 档、3 档的分界电量较 1 档、2 档多出 74%，低于国外 146% 的水平，同时也分别低于发达、发展中、邻近地区的 133%、158%、179%。

　　可以看出，国内外在阶梯电价结构的设计上存在一定差异，这种差异可能与人文情况与社会因素有关，也可能是由制定者所偏重的目标不同而导致的，接下来本书将进行实证上的分析和验证。

3.2

影响因素与档数验证

　　虽然，居民用电领域实行阶梯定价的情况非常普遍，但也并不是所有的电力市场都采纳了此种定价方式，且不同国家和地区在实施顺序上也有先后。目前，国际上尚没有一个衡量是否采纳或何时采纳此种定价方式的标准。由前文分析也看出，由于地区不同且没有统一的设计标准，不同国家和地区的电价结构在设计上并不相同。以档数为例，大部分分布在 2～6 档、7 档、8 档的情况虽有但比较少见。纵观现有的理论文献，大部分是对单个国家或地区的电价结构和实施效果进行研究，而同时将多个国家的经验综合起来分析的比较少见，即便有也只是简单的资料总结，进一步实证分析的很少。至今未有文献将多个国家的档数设计综合起来分析，这使得阶梯电价在设计中没有相关的国际经验作为参考。另外，在采纳或引入时机方面，也未有相关文献进行具体论证。因此，定价结构的实施与结构的设计缺乏相应理论背景与实证分析，迫切需要学术界给出一个合理的衡量标准并提供相关理论依据。

因此，为了填补阶梯电价文献研究的不足，以及为阶梯电价的实施与改进提供经验支持，本节进一步在前文 23 个样本的基础上，继续收集了 16 个未实施阶梯电价的地区，将这 39 个样本作为研究对象，对影响阶梯电价政策采纳与档数设计的因素进行研究。首先，分析影响各国阶梯电价的采纳和实施的因素；其次，分析影响档数选择的主要因素；最后，检验中国三档阶梯电价结构的合理性。

3.2.1　模型与样本简介

对于是否实施阶梯电价的问题，由于因变量的取值只有采纳与不采纳两种结果，本书选取二元选择模型进行回归分析；而对档数设计和影响因素问题的研究，由于不同国家或地区的档数不同且均为离散值，故使用计数模型。接下来，本节将对这两个模型及其相关数据进行简介。

（一）模型介绍

1. 二元选择模型

二元选择模型是因变量只有 1 或 0 两种取值的离散因变量模型，其所关注的核心是因变量响应（即取 1 或 0）概率。二元选择模型的基本形式为：

$$P(y_i = 1 \mid X_i, \ \beta) = 1 - F(-\beta_0 - \beta_1 x_1 - \cdots - \beta_k x_k) = 1 - F(-X_i'\beta)$$

$$(3.1)$$

式（3.1）中 X_i 是包括常数项在内的全部解释变量所构成的向量，F 是取值范围严格介于 [0, 1] 之间的概率分布函数。分布函数类型的选择要根据二元选择数据的类型，常用的有符合标准正态分布的 Probit 模型和符合逻辑分布的 Logit 模型。通过选择合适的函数形式 $F(x, \beta)$（比如，某随机变量的累积分布函数），可以保证 $0 \leqslant \hat{y} \leqslant 1$，并将 $\hat{y}$ 理解为"$y = 1$"发生的概率。如果 $F(x, \beta)$ 为标准正态的累积分布函数，则

$$P(y = 1 \mid x) = F(x, \beta) = \Phi(x'\beta) \equiv \int_{-\infty}^{x'\beta} \phi(t)\,dt \quad (3.2)$$

符合式（3.2）的模型称为"Probit 模型"。如果 $F(x, \beta)$ 为逻辑分布的累积分布函数，则

$$P(y = 1 \mid x) = F(x, \beta) = \hat{}(x'\beta) \equiv \frac{\exp(x'\beta)}{1 + \exp(x'\beta)} \quad (3.3)$$

符合式（3.3）的模型称为"Logit 模型"。

本书选取基尼系数 GINI、人均国民总收入 INC、居民平均用电价格 PRI、平均温度 TEMP、人均用电量 ELEC 这些解释变量作为影响阶梯电价采纳的因素，分别运用 Probit 与 Logit 二元选择模型，建立度量影响因变量 OPT（是否选择实施阶梯电价）的估计方程：

$$OPT^* = \beta_0 + \beta_1 GINI + \beta_2 INC + \beta_3 TEMP + \beta_4 ELEC + \beta_5 PRI + \varepsilon$$

$$(3.4)$$

式（3.4）中估计值 $OPT^* = \ln\left(\dfrac{P(OPT=1\mid X,\ \beta)}{1-P(OPT=1\mid X,\ \beta)}\right)$，它是 OPT 不可观测的潜变量。β_0 代表常数项，β_1、β_2、β_3、β_4、β_5 代表解释变量的斜率系数，度量了相应解释变量值变动一个单位（其他回归元不变）所引起的 Logit 估计值（即潜在变量的值）的变化，也即引起的对数几率比的边际变化。ε 代表误差项。根据此模型，可以分析影响阶梯电价实施的因素，同时也可以得出某一地区阶梯电价实施的几率比。

2. 计数模型

本书的第二个模型是研究档数设计的模型。由于作为因变量的是国家与地区的档数，故选取适用于因变量取值是离散的正整数，且具有数值小、取零个数较多的计数模型进行实证分析。计数模型的一般形式为：

$$E(y_i \mid X_i,\ \beta) = \exp(X_i'\beta) \tag{3.5}$$

式（3.5）中，$E(y_i \mid X_i,\ \beta)$ 是因变量的条件均值，模型引入指数函数，可保证因变量的均值为负。

计数模型中应用最广泛的是泊松模型和负二项分布模型。若被解释变量 Y 的概率函数服从参数为 λ_i 的分布：

$$P(Y_i = y_i \mid x_i) = \frac{e^{-\lambda_i}\lambda_i^{y_i}}{y_i!} \quad (y_i = 0,\ 1,\ 2,\ \cdots) \tag{3.6}$$

式（3.6）中 $\lambda_i > 0$，则称 Y_i 服从泊松分布。假定服从泊松分布的 Y_i 的均值与方差是相等的，则称数据是等离散的，但实际计数数据的方差通常远大于均值，称这一特征为过离散（over-dispersion）。为了更好描述数据的过离散特征，即数据的异质性，在假定随机计数 y_i 服从泊松分布的基础上，进一步假定参数 λ_i 不再是一个仅由 X_i 决定的量，而是一个随机变量，此时的分布称为负二项分布。服从负二项分布的 y_i 的期望和方差分别是 $E(y_i \mid \mu_i,\ \theta) = \mu_i$，$Var(y_i \mid \mu_i,\ \theta) = \mu_i + \left(\dfrac{1}{\theta}\right)\mu_i$，其中 $\theta > 0$，$\mu_i > 0$。数据等离散的泊松分布计数模型采用极大似然估计法估计模型参数，数据过离散的服从负二项分布的计数模型采用模拟极大似然估计法估计模型参数。根据虚拟变量 *DUM*、人均国民收入 *INC*、平均温度 *TEM*、人均用电量 *ELE*、居民平均用电价格 *PRI*、基尼系数 *GINI*、电价倍数 *MUL*、地区状况 *MID* 这 8 个解释变量，可以建立影响档数 *STEP* 设置的计数模型：

$$STEP^* = \beta_0 + \beta_1 DUM + \beta_2 INC + \beta_3 TEM + \beta_4 ELE +$$
$$\beta_5 PRI + \beta_6 GNI + \beta_7 MID + \beta_7 MUL + \varepsilon \qquad (3.7)$$

式（3.7）中 β 代表解释变量的斜率系数，对其进一步求边际效应，可得出自变量变化对因变量预期次数变化的影响。

（二）样本简介

本节样本为位于欧洲、亚洲、美洲和大洋洲的 39 个国家和地区的 2008 年居民电价结构。其中，包括 23 个实行阶梯电价的国家和地区，分别是日本、印度、澳大利亚、韩国、马来西亚、菲律宾、泰国、埃及、也门、沙特阿拉伯、叙利亚、摩纳哥、伊拉克、加拿大、美国的加州、德克萨斯州、新泽西州、新墨西哥州、爱荷华州、纽约州、佛罗里达州、中国香港、中国台湾，阶梯档数 2 ~ 8 档不等；16 个未实行阶梯电价的国家，分别是法国、芬兰、英国、奥地利、比利时、丹麦、捷克、德国、爱尔兰、卢森堡、西班牙、瑞典、葡萄牙、波兰、匈牙利、斯洛伐克。

对于阶梯电价的采纳和设计，不同国家或地区依据各自经济与社会条件进行决策。一般会考虑到当地居民用电情况、承受能力等因素。例如，美国纽约州会着重考虑居民用电量、收入和气候的影响。另外，原有电价水平对阶梯电价的实施与档数设计也有重要影响：当电价能够满足厂商正常收益时，厂商实施阶梯电价的动机较小，即便实施，管制者也倾向于设计较低的电价与档数防止厂商收益过高。由于阶梯电价具有一定程度的收入再分配作用，当社会收入分配不公时，管制者倾向于设计多档数的电价结构，使其保障低收入居民用电的同时也调节高收入者的用电量与收入。因此，反映收入分配状况的因素也应考虑在内。

　　基于上述考虑，本书重点选取反映国家或地区之间差异、当地居民承受能力、电力消费情况、当地气候状况和收入分配状况等指标。其中，反映国别的变量用虚拟变量（1 或 0，1 代表发达国家，0 代表发展中国家）和人口密度表示；反映居民承受能力的指标用人均总收入表示，一般来说，人均总收入越高，居民对电价的承受能力越强，从而使得需求弹性较低，电价变化对用电量的影响越不明显，反之，则较明显；反映电力消费情况的指标用居民平均用电价格和全社会人均用电量①表示；反映当地气候状况的指标用平均温度表示，平均温度越高的地区用电量也相对较高；反映收入分配状况的指标用各国的基尼系数表示，基尼系数越高，表明收入分配越不公，更能促进实施高档数的阶梯电价；最后，再加入与档数有较强关联性的最高档电价对最低档电价的倍数。

　　数据来源方面，美国的新墨西哥州、爱荷华州、纽约州、佛罗里达州以及加拿大的阶梯电价结构数据来源于当地电力公司网站，其余国家和地区的电价数据均由国家电网提供；人口密度、人均国民总收入数据来源于《美国统计年鉴》和《世界统计年鉴》；全社会人均用电量数据来源于《美国统计年鉴》和 IEA 统计数据库；基尼系数②数据来源于《世界统计年鉴》和《世界各国概况》；平均温度数据由旅游天气网站提供的温度进行加权平均得来。数据描述性统计详见表 3 - 12。

---

　　①　由于一些国家居民用电量数据的缺失，本书用全社会人均用电量来代替居民平均用电量。

　　②　由于基尼系数几年之内不会发生太大的变化，对于一些地区缺失的基尼系数，本书用与 2008 年前后相差不过 3 年的基尼系数代替。

表 3 - 12　　　　数据描述性统计

衡量指标	变量	变量描述	单位	均值	标准差	最小值	最大值
分档	Step	档数	档	2.487	6.467	2	8
地区状况	Mid	人口密度	人/平方公里	738.519	2846.721	2.8	16818
居民承受力	Inc	人均国民总收入	美元	34442.51	33896.895	960	203900
电力消费	Pri	居民平均用电价格	美元/千瓦时	0.156	0.085	0.011	0.396
	Ele	全社会人均用电量	千瓦时	9042.615	7455.456	201	29591
气候	Tem	平均温度	华氏度	56.454	15.572	10.29	81.77
收入分配	Gin	基尼系数	—	0.361	0.081	0.230	0.536
电价倍数	Mul	最高档价格/最低档价格	—	4.5	7.760	1.079	37.6

资料来源：作者自行整理。

3.2.2 对影响引入的因素分析

对于影响阶梯定价引入的因素研究，本书将同时给出 OLS、Probit 和 Logit 3 个估计方法对式（3.4）的回归结果，并从中择优。回归结果如表 3 - 13 所示。

表 3 - 13　　　　影响阶梯定价实施因素的估计结果

指标	OLS 估计	Probit 估计	Logit 估计
Ele	$1.05e - 05$ (1.64)	$-2.47e - 04$ $(-2.27)^*$	$-4.24e - 04$ $(-2.41)^*$
Gin	1.46 $(2.44)^{**}$	30.04 $(3.24)^{***}$	51.76 $(3.44)^{***}$
Pri	-3.18 $(-5.88)^{***}$	-66.77 $(-3.87)^{***}$	-114.57 $(-3.91)^{***}$
Tem	0.01 $(2.59)^{**}$	0.07 $(1.84)^*$	0.11 $(1.66)^*$
Inc	$1.32e - 06$ (1.12)	$-5.72e - 06$ (-0.80)	$-1.00e - 05$ (-0.76)
校正 R^2/准 R^2	0.69	0.84	0.84
Correctly classified	—	92.31%	92.31%

注：$*$、$**$ 和 $***$ 分别表示 1%、5% 和 10% 置信水平下显著。

由表 3 - 13 可看出，Probit 模型与 Logit 模型的显著性相对于 OLS 更强一些。而对于 Probit 模型与 Logit 模型来说，由于参数估计值不能直接可比，通过进一步计算二者的边际效应，得出其边际效应几乎相同（结果略去），并无太大差别。因此，本书将根据二者估计结果对影响阶梯电价采纳或引入的因素进行分析，得出以下结论。

第一，基尼系数和居民平均用电价格对阶梯电价政策的采纳起着显著的作用。其中，一个国家或地区的基尼系数越高，实施阶梯电价政策的几率越大。基尼系数越高，表明收入分配越不公，社会贫富差距越大，较低的线性电价费率不仅起不到缩小贫富差距的目的，还会因其对高收入、高用电量住户的过度补贴而使基尼系数在一定程度上呈扩大的趋势。因此，在其他条件不变下，基尼系数越大，一个国家或地区更有动力通过实施阶梯电价进行收入再分配，以维护社会公平。而居民平均用电价格越高，阶梯电价采纳几率越小，主要是由于用电价格越高，越能接近或覆盖电厂成本，厂商在原有电价下的损失不算大或能够收回利润，从而主动实施阶梯电价的动机不强。

第二，而人均用电量、平均温度和人均总收入在影响阶梯电价政策采纳的作用上并不特别显著，特别是人均用电量的系数还与平均温度和人均总收入的系数方向相反，呈现负值。出现此种现象的原因，首先，与样本数据不是特别多，导致估计存在一定程度的偏差有关，使得 5 个解释变量不能同时显著；其次，与一些数据因缺失而用相关变量代替有关，本书中居民人均用电量用全社会人均用电量代替，全社会用电量不仅包括居民用电，还包括商业、农业、大工业用电等，数据不是特别准确。根据 IEA2010 年电力统计中的数据，2008 年 OECD 国家的居民用电量仅占全社会用电量的 31.2%。另外，与不能无限制的加入太多解释变量及变量存在缺失有关。因此，多种因素导致一些解释变量的系数不显著。

由此看来，在阶梯电价采纳方面，影响作用最大的是居民用电价格和基尼系数。即大多数国家在考虑阶梯电价是否采纳时，更多的根据居民平均电价和基尼系数的高低来判断，对于居民平均电价水平过低以及基尼系数较高的地区，应该通过实施阶梯电价来调整扭曲的电价机制，缓解电厂亏损状况，并利用各个收入阶层不同的价格弹性进行一定程度的收入再分配。

3.2.3　对档数的分析与验证

（一）估计结果与分析

对于档数设计的模型，本书选取 8 个解释变量依据式（7）进行估计，并同时给出 OLS、泊松分布、负二项分布三种方法的估计结果，以作对比。具体如表 3 - 14 所示。

表 3 - 14　　　　　影响档数设计因素的估计结果

指标	OLS 估计	泊松分布估计	负二项分布估计
Dum	- 1. 04 (- 1. 24)	- 0. 39 (- 1. 24) *	- 0. 39 (- 1. 24) **
Ele	4. 4e - 05 (0. 80)	5. 83e - 05 (2. 83) ***	5. 83e - 05 (2. 83) ***
Gin	1. 64 (0. 38)	0. 83 (0. 74)	0. 83 (0. 74)
Pri	- 11. 06 (- 2. 71) **	- 6. 69 (- 2. 91) ***	- 6. 69 (- 2. 91) ***
Tem	0. 05 (2. 11) **	0. 04 (3. 41) ***	0. 04 (3. 41) ***
Inc	- 7. 17e - 06 (- 0. 55)	- 4. 28e - 06 (- 0. 78)	- 4. 28e - 06 (- 0. 78)
Mid	1. 66e - 04 (1. 28)	1. 04e - 04 (1. 82) *	1. 04e - 04 (1. 82) *
Mul	0. 08 (2. 16) **	0. 02 (2. 63) ***	0. 02 (2. 63) ***

注： *** 、** 、 * 分别表示在 1% 、5% 和 10% 的统计水平上显著。

由表 3－14 的估计结果可看出，与 OLS 相比，泊松分布和负二项分布的结果更显著。而对于泊松分布与负二项分布来说，负二项回归中各变量系数的显著性相对更强，加之泊松分布一个最重要的限制就是因变量的均值和方差相等，而因变量（step）的均值与方差在表 1 中显示是不相等的，适用条件不是特别满足，同时，负二项估计的结果中给出了在 5% 的水平上拒绝泊松回归的原假设。因此，综合来说，负二项分布的估计方法更适用于对阶梯档数的分析。根据其估计结果，可得出几个结论。

第一，在档数设置上，发达国家要比发展中国家低。由于发达国家居民总体生活水平更高一些，虽然同属低收入用户，但发达国家低收入群体的承受能力仍比发展中国家要强，因此，发达国家电价设置也相对偏高。对电价结构数据进行统计发现，发达国家或地区的平均居民电价为 0.18 美元，而发展中国家或地区则为 0.1 美元。这使得发达国家或地区在实施阶梯电价时不需要设置过高的档数和电价就能收回全部成本，而发展中国家更需要通过设置较高的档数与电价倍数向需求弹性较低的居民征收高电价，以此来获取正常利润。本书实行阶梯电价的 14 个发达国家和地区中，12 个的档数分布在 2~4 档，5 档、6 档的分别只有 1 个，而其他 9 个发展中国家中，拥有 5 档及其以上档次的就有 5 个，4 档的 2 个，这也进一步说明了发展中国家的档数设置相对较高。

第二，人均用电量、平均温度、电价倍数越高，阶梯档数就越高。其中，人均用电量越高，在一定程度上会促使设置更多档数来节约电力能源的使用；平均温度对档数的设计也起正向作用，温度越高，用电量越高，从而档数也越高。通过绘制 23 个国家和地区的温度与档数关系图，也可以看出二者之间较一致的走势，如图 3－1 所示。

由图 3－1 可看出，23 个实施阶梯电价的国家和地区，其温度与档数呈现出几乎一致走势，二者之间的关联性非常明显，即温度越高，档数越高，或温度越低，档数越低。

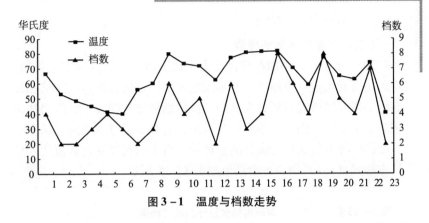

图 3 - 1 温度与档数走势

　　另外，最高档对最低档的电价倍数越高，档数也越高。在电价结构设计中，要使最高档对最低档的电价倍数较高，则档数设计也应较高；反之，档数较高的地区，电价倍数也较高。本书 14 个档数较低的发达国家和地区中，最高档对最低档的电价倍数取值在 1.08 ~ 11.6 之间，平均值为 2.3 倍，而其他 9 个档数较高的发展中国家，电价倍数取值在 1.17 ~ 37.6 之间，平均值为 7.93 倍。由此也可看出，档数较低的地区，电价倍数设置也较低。

　　第三，居民平均用电价格越高，档数设计越低。此结论与阶梯电价引入模型中的居民平均用电价格阻碍阶梯电价采纳的效果一致。由于阶梯电价的电价设置是基于原有居民用电价格，对于平均用电价格较高的地区，为避免电价上升太多而超出居民承受能力或使厂商利润太高，档数设计会相对偏低。

　　由此看来，档数设计更多受到居民用电情况、气候、电价倍数、平均用电价格这四个因素的影响，对于用电量较多、平均温度较高、预期电价倍数较高的地区，档数设计也相对较高，而对于平均用电价格较高的地区，档数设计相对较低。另外，发展中国家的档数相对发达国家或地区会更高一些。

（二）对国内档数的检验

2012 年 7 月，中国在居民用电领域大范围实施阶梯定价机制。将居民每月用电量按照满足基本用电需求、正常合理用电需求和较高生活质量用电需求划分为三档。虽然划分方法较合理，但仍缺乏相应实证支持。面对一些质疑与讨论，有必要通过本书的方法来检验中国阶梯电价实施与设计的合理性。将中国相关变量数值代入估计方程式（3.7）中，得出结果如表 3 - 15 所示。

表 3 - 15   对国内档数设计的验证结果

因变量	Opt^*	$Step^*$
估计值	$e^{12.34}$	2.79

资料来源：作者自行整理。

由表 3 - 15 可看出，机会比率 Opt^* 为 $e^{12.34}$，表明阶梯电价引入几率特别大，即中国有必要实施阶梯电价政策。另外，$Step^*$ 的估计值为 2.79，但由于实际中档数取值为离散正整数，故四舍五入后最优取值为 3，而这也与中国 2012 年实际实施的电价档数是一致的。因此，研究结果表明，中国阶梯电价的实施及结构设计是比较合理的，这不仅为中国居民电价的改革提供了实证支持，同时，也表明了中国在居民电价上的改革方向是正确的，在此基础上可作进一步深化。

3.3

小结

阶梯电价的实施在解决低电价造成的交叉补贴，保证电力工业发展所需资金，促进电力市场化改革等方面起到了重要作用。诸多优点使其在国内外的电力机构中得到广泛应用，取得了统一定价无法取得的效果。由于中国实施较晚，现有研究文献不足，同时对国外的实施情况并不了解，故本章首先对可收集到的各个国家和地区阶梯电价的实践情况进行了整理与分析，并将其与国内结构相比较。另外，现有对阶梯电价研究的文献主要集中于结构设计与效果评估，且更多针对单个国家或地区，同时将多个国家的设计经验综合起来进行实证研究的很少。加之，居民用电实施阶梯电价的政策提出之后，遭致许多反对与质疑的声音，更需要国内学术界提供理论支持与实证依据来给出合理的解释，消解人们心中的疑虑。在此基础上，本章详细介绍了阶梯电价在国内外的实施背景、现状，并对相关影响因素进行实证分析。得出的主要结论有以下 3 点。

第一，阶梯电价在国外得到了广泛应用，并具有一定规律性。国外大部分阶梯电价的档数都分布在 2 ~ 8 档，但由于人文、地理、社会环境的不同，不同地区每档电价与电量的设置并不相同。根据对国外 23 个阶梯电价样本的分析，本书得出结构设置的规律：首先，电量及其较首档的倍数总体上是随着档数而逐渐增加的，各国和地区在低档上的电量倍数设置比较接近，档数越高差异越大，发达地区电量倍数设置相对较低，发展中设置较高，且发达地区电量倍数设置的较相近，发展中地区间差异较大；另外，电价及其较首档的倍数总体上是随着档数而逐渐增加的，各国和地区低档上的电价倍数设置比较接近，档数越高差异越大，发展中国家电价倍数的设置较高，发达地区的设置较低，邻近地区最低，发达地区电价倍数设置的较相近，发展中与邻近地区间的差异较大。总之，发达地区的电量与电价倍数设置的较低，发展中国家则相对较高，而邻近地区的电量倍数在最高的同时电价倍数也是最低的，即每档电量幅度跨度较大的同时电价也上升得最为缓慢，结构设置最为平缓。

第二，全国范围内推行的定价结构普遍较为平缓。各地阶梯电量标准普遍较高，东部地区电量一半高于中西部地区；总体电价增幅不大，基本上为最低标准；且根据发展与民生指数来看，一些地区电价的设置与综合发展水平并不一致；进一步与国外对比后发现，中国的档数位于国际上较集中的档数区间内，但电价与电量的增幅都小于国际平均水平的同时，也小于邻近地区和发展中地区的水平。

第三，社会、经济、原有电价等因素对定价结构的引入和设计存在影响。在影响阶梯电价实施的因素中，基尼系数和居民平均用电价格在影响阶梯电价的引入方面起显著作用，基尼系数越高，阶梯电价实施的几率越大，而居民平均用电价格则相反，价格越高，阶梯电价实施的几率就越小。在档数设计方面，全社会人均用电量、平均温度、电价倍数越高，档数越高，而居民平均用电价格越高，档数越低；且发达国家引入的阶梯电价档数一般低于发展中国家的档数设置。更进一步的，在此基础上，本书对中国阶梯电价的引入及档数的设计进行了检验，结果显示中国在居民电价方面的设置是合理的。

第4章

阶梯电价下的需求变动：
弹性估计与成因解析

较统一定价来说，IBP 的引入是否能够更加有效地影响消费者行为，并达到定价机制制定之初想要达到的目标，一直是各方关注的焦点。需要清楚的是，无论是社会性目标还是经济性目标，实现的前提必须是消费者对 IBP 较原有定价结构更敏感，需求量和价格弹性均有所变化。因此，诸多文献根据不同的模型、方法和样本，围绕着 IBP 下的消费者需求进行了多角度分析。

但由于定价结构的复杂性，IBP 下的用电需求估计一直是文献研究中的热点和难点。早期许多文献运用的不同估计方法、模型和技术都略有缺陷。其中，由于相对良好的估计方法与技术，原本用于分析劳动力供给问题的离散/连续选择模型（Discrete/Continuous Choice，DCC）模型在被引入阶梯定价的需求估计中后，受到了广泛推崇。但 DCC 模型对数据要求较高，因此，微观数据较难获取，限制了其进一步应用，故本书将尝试进行改进，并对中国居民的用电需求进行估计，在验证模型有效性的同时，也对比不同定价结构下的弹性变化。

本章结构安排如下：第一节将对 IBP 下的需求估计及价格弹性简要分析；第二节则介绍模型的经济学原理和推导过程，包括两部分，第一部分是对 DCC 模型的原理与推导进行介绍，第二部分是将 DCC 模型拓展成加总 DCC 模型，使其适用于本书的研究问题与数据的原理与推导；第三节则根据加总 DCC 模型对中国居民的电力需求进行分析，并比较不同定价结构下的用电价格弹性，来判定居民对 IBP 是否更敏感；第四节为小结。

4.1

阶梯电价下的需求

对需求的估计和价格弹性的分析一直是阶梯定价下研究的热点。结果不仅能够观察消费者的需求变化，同时还能根据弹性来合理制定或调节定价结构，是对价格实施的一种反馈。

4.1.1 需求估计

多重目标的实现使得 IBP 在稀缺性的资源、能源领域中得到广泛应用，加之定价结构的复杂性，使得需求估计成为文献研究的热点与难点。其中，对内生性问题的解决是最关键的。在线性定价结构下，需求估计的内生性问题通常来源于外部因素的冲击，因此难以区分影响消费的因素是来自供给还是需求。而在非线性定价中，消费随边际价格变动，由此带来价格和消费同时决定的问题。相对于统一定价（边际价格不变），递增阶梯定价中的边际价格会随着消费量的增加而升高，故价格与消费量同时决定产生了内生性问题。不仅如此，价格的不连续使得消费者的预算约束呈现分段线性，由此产生尖点（kink）问题，这些问题都对传统估计方法提出了挑战。

在有关阶梯定价的文献中，最主要的是对需求估计中价格弹性的研究，其数量要多于对 IBP 下福利测量的文献。忽略模型和估计技术的不同外，早期的问题主要集中于价格变量的选择是边际价格还是平均价格，对于不在第一档上消费的消费者而言，两个价格并不一样。霍伊和莉娜韦弗（Howe & Linaweaver's, 1967）有说服力地认为应该使用边际价格，泰勒（Taylor, 1975）和诺丁（Nordin,

1976）则认为价格变量应该在边际价格的基础上加上差分变量。尼斯娃朵米和莫利纳（Nieswiadomy & Molina，1988、1989）通过线性化，在设定中引入了"虚拟收入"概念，即边际价格与差分变量之和。而后许多研究需求估计的文献，在泰勒（1975）和诺丁（1976）的基础上又引入了工具变量以及使用两阶段/三阶段最小二乘法的估计技术，来避免价格与需求之间的共线性。欧帕拉齐（Opaluch，1982，1984）同时引入了平均与边际两个价格变量，而信（Shin，1985）、尼斯娃朵米和莫利纳（Nieswiadomy & Molina，1991）则认为消费者作出反应的价格既不是边际价格也不是平均价格，而是感知价格。前文也提到，当消费量以阶梯定价计费时会产生边际价格与消费量的联立性问题，而此问题与劳动力供给中的问题比较类似（工资是由劳动力工作时间决定的，而当工资越高，越有可能减少工作时间来享受闲暇时光，故工作时间又显然地依赖于实际工资的多少）。在劳动力供给文献中，霍尔（Hall，1973）意识到模型估计当中的预算约束分段线性问题，波特里斯和豪斯曼（Burtless & Hausman，1978）首先解决了劳动力供给问题中离散连续选择以及联立性问题。哈尔曼（Hanemann，1984）首次将劳动经济学中研究累进所得税率下，劳动力供给效应的离散/连续选择（DCC）模型引入阶梯定价的分析中。在DCC模型中，总体的需求估计函数由每部分的函数乘以相应概率后加总求和得来。不同于前述线性化估计模型，DCC模型不仅考虑了阶梯上的消费选择，还同时考虑了尖点问题，故在引入阶梯定价领域后，就得到了广泛应用。

4.1.2 价格弹性

价格弹性是衡量需求响应的主要参数，是需求分析关注的重点。从实证结果来看，由于研究样本不同，不同文献的估计结果存在一定差异。以用电弹性为例，在线性定价下，肯默史克恩和波特（Kamerschen & Porter，2004）测得长期内居民用电弹性在 $-0.85 \sim$

-0.94 之间；霍尔特达尔和茹奥茨（Holtedahl & Joutz，2004）对中国台湾居民用电弹性的估计为 -0.15；埃斯佩等（Espey et al.，2004）对 1971~2000 年研究用电需求的文献使用元分析法后发现，居民用电价格弹性在短期内的均值为 -0.35，中值为 -0.28，长期内的均值为 -0.85，中值为 -0.81。另外，埃斯佩等（1997）使用同样的方法对用水需求的文献分析后，也发现大部分估计结果都在 0 与 -0.75 的无弹性区间。竺文杰和郁义鸿（2009）利用加总数据，估计出中国短期与长期的价格弹性分别为 -0.092，-0.156，何等（He et al.，2011）使用 CGE 方法估计中国居民电力需求的价格弹性为 -0.3。由此可看出，由于所处地区、适用费率或研究群体不同，价格弹性的数值有较大变化，但总体看来，在线性定价机制下，多数用电需求都处于无弹性区间。

但对于非线性定价机制，霍撒克等（Houthakker et al.，1974）对 IBP 不同档次上的数据分别估计后，得出价格弹性分别为 -1，-1.2，-0.45。阿克顿等（Acton et al.，1976）估计的洛杉矶居民在递减阶梯定价下的用电弹性短期内为 -0.35，长期内为 -0.7；达尔汇森等（Dalhuisen et al.，2003）使用元分析法，发现 IBP 下的价格弹性较平均定价、递减阶梯定价下要大。一些研究更是得出 IBP 下的价格弹性介于 -1 与 -2 间，也就是处在弹性区间（Hewitt & Hanemann，1995；Pint，1999）。Olmstead（2009）发现引入 IBP 后，电力价格弹性会提高。同样，对居民生活阶梯用水的研究中也得出类似结论（2007）。通过对相关因素（如时间长短、价格变化、电费占收入比重等）的分析与排除，奥姆斯特德（Olmstead，2007）认为，实施阶梯定价前后价格弹性不同的原因，可能与 IBP 本身的定价结构有关，但由于数据限制，无法最终得到证实。实际上，现有文献对定价机制变化导致的需求响应变化及其成因的研究还处于空白状态，这主要是因为当定价结构发生变化，而不仅仅是价格水平变化时，无法根据 Slutsky 等式将价格结构变化分解为替代效应和收入效应。

根据上述文献可以得出，统一定价机制下，居民用电弹性处于无弹性区间，但在 IBP 机制下，其价格弹性要比统一定价结构下大。也就是说，无论是由 IBP 本身定价结构直接引起的，还是通过其他影响因素造成的，IBP 会提高用电价格弹性，即消费者对 IBP 的反应更敏感。国外许多文献都在其他场景验证了此结论，但由于自然环境、社会因素的不同，相关研究结论是否适用于中国，或者说在中国引入 IBP 后，居民的用电行为是否发生类似变化，仍是一个亟待研究的问题。为此，本章将从此视角展开相应分析。

4.2

理论与模型构建

本章运用考虑到阶梯定价特殊结构并能将其准确刻画的 DCC 模型作为研究方法的基础。本节将首先介绍此模型的微观经济学原理及推导过程，并针对其不完善之处作进一步的改进与拓展，以应用到电力需求分析中。

4.2.1　离散/连续选择模型理论

（一）微观原理

一般而言，阶梯定价下需求估计需要遵守的原则是预算约束下的效用最大化。本书以包括固定费用（FC）的 3 档阶梯定价结构为例（在一些定价中 FC 为 0）。令 i 代表消费者购买的商品组合，其中，$i = 1, 2, 3, \cdots, n$（1 代表购买的第 1 种商品 1，2 代表购买的第 2 种商品 2，$\cdots$，n 代表购买的第 n 种商品 n）。令 x_1 代表消费者购买商品 1 的消费量，假设其计费方式为阶梯定价形式，j 代表阶梯定价结构的总档数，$k(k = 1, 2, 3, \cdots, n)$ 代表阶梯定价结构中的某一档，x_{1k} 代表商品 1 在 k 档与 $k + 1$ 档间的分界电量，P_{1k} 代表商品 1 在 k 档上面临的边际价格。则在 3 档阶梯定价下（即 $j = 3$ 时）消费者购买 x_1 时的支出函数 $c(x_1)$ 为：

$$c(x_1) = \begin{cases} p_{11}x_1 + FC & if \quad 0 < x_1 \leqslant x_{11} \\ p_{12}(x_1 - x_{11}) + p_{11}x_1 + FC & if \quad x_{11} < x_1 \leqslant x_{12} \\ p_{13}(x_1 - x_{12})p_{12}(x_1 - x_{11}) + p_{11}x_1 + FC & if \quad x_1 > x_{12} \end{cases}$$

(4.1)

当 $p_{11} < p_{12} < p_{13}$ 时，为递增阶梯（Increasing Block Pricing，IBP）；$p_{11} > p_{12} > p_{13}$ 时，为递减阶梯（Decreasing Block Pricing，DBP），由于包含固定费用，对效用最大化的求解过程将更为复杂。此种定价结构下的预算集与传统预算集有两方面不同：首先，预算边界非线性；其次，预算集有可能非凸。非凸性的存在会对消费者偏好理论产生重要影响。如果假定消费者偏好是连续且（严格）凸的，则无差异曲线会与凸的预算集相切于唯一一点，若预算集非凸，即便偏好严格凸，也会产生多个切点，这样某一个切点上代表的最优消费水平并不会严格优于其他切点上的水平。

为了构建预算约束，本书用支出函数 $c(x_1)$ 代表一个凸的或非凸的预算集 B。对于式（4.1）中建立的预算约束，消费者全部约束集可以分为有限的几个子集 R^n，子集中包含两种形式：（1）消费量正好落在分界点上的预算集，即 $x_1 = x_{1k}$（2）消费量落在档内时的预算集，即：

$$\{(x_1, \cdots, x_n) \mid x_{1k} \leqslant x_1 \leqslant x_{1k+1}, c(x_1) + \sum_{j=2}^{n} p_j x_j \leqslant y\} \quad (4.2)$$

假定有 k 个不相交的子集，用 B_k 表示，则 $B = \cup_{k=1}^{K} B_k$，即使 B 不是凸集，但其中的每个子集 B_k 均为凸集。当消费者选择第 k 个预算子集上消费时，此时的选择变为连续选择，其效用最大化的表达式为：

$$\max_{x_1, \cdots, x_n} U(x_1, \cdots, x_n; \theta) \quad s. t. \ x \in B_k \quad (4.3)$$

定义条件间接效用函数为：

$$\overline{V}^k(p, y, FC, \theta) = U\left[\overline{x}_1^k(p, y, FC, \theta),\right.$$
$$\left.\cdots, \overline{x}_n^k(p, y, FC, \theta); \theta\right] \tag{4.4}$$

则消费者的离散/选择问题为：

$$\max\{\overline{V}^1(\,\cdot\,), \cdots, \overline{V}^k(\,\cdot\,)\} \tag{4.5}$$

式（4.5）括号中的解用 $(a_1, \cdots, a_k)$，则：

$$a_k(p, y, FC, \theta) = \begin{cases} 1 & if \quad \overline{V}^k \geqslant \overline{V}^j(\,\cdot\,), \quad \forall j = 1, \cdots, K \\ 0 & otherwise \end{cases}$$
$$\tag{4.6}$$

如果全部的预算集 B 是严格凸的，则等式（4.5）将有最优解且等式（4.6）满足 $\sum_{k=1}^{K} a_k = 1$ 的条件。在这种情况下，无条件的普通需求函数依赖于全部效用最大化问题 $x_i(p, y, FC, \theta)$，而 $x_i(p, y, FC, \theta)$ 又依赖于条件普通需求函数

$$x_i(p, y, FC, \theta) = \sum_{k=1}^{K} a_k(p, y, FC, \theta)\overline{x}_i^k(p, y, FC, \theta)$$
$$\tag{4.7}$$

如果预算集 B 是非凸的，则式（4.5）不仅只有一个最优解，而是有多个。此时的无条件普通需求函数变为：

$$x_i(p, y, FC, \theta) = \{\overline{x}_i^k(p, y, FC, \theta) \mid \forall k$$
$$s.t. a_k(p, y, FC, \theta) = 1\} \tag{4.8}$$

在所有凸和非凸情形下，无条件间接效用函数与有条件间接效用函数相关：

$$V(p, y, FC, \theta) = \max\{\overline{V}^1(p, y, FC, \theta), \cdots,$$
$$\overline{V}^k(p, y, FC, \theta)\} \tag{4.9}$$

要想得到更详细的回归模型，需要进一步对 a_k 进行详细的分析。

前文已经定义了有条件需求函数和间接效用函数，$\overline{x}_i^k$ 和 $\overline{V}^k$，无条件需求函数和间接效用函数，x_i 和 V_k，以及代表四者之间关系的式（4.7）、（4.8）、（4.9）式。进一步地，本书将引入统一定价下的需求函数及效用表达式，即传统需求和效用函数。首先是给定预

算集 $\sum_{i=1}^{n} p_i x_i \leqslant y$ 下效用最大化的函数 $U(x; \theta)$，当最优需求量为 $x^*(p, y, \theta)$ 时，间接效用函数表达式为 $V^*(p, y, \theta)$。

在 k 档阶梯定价上的消费成本可以分为两部分：第一部分为 $p_{1k}x_1$，代表当消费量 x_1 全部以 p_{1k} 定价时的支出；第二部分为 d_k，$d_k = -FC - \sum_{j=1}^{k-1}(p_{1j} - p_{1j+1})x_{1j}$，作为差分术语来源于 Nordin（1976），当为递增定价时 d_k 为正值，代表了收入的补贴或增加，递减情形下为负值，代表了收入减少。则消费者在 k 档上的预算约束可重新写为：

$$p_{1k}x_1 + \sum_{j=2}^{n} p_j x_j \leqslant y + d_k \qquad (4.10)$$

式（4.10）即将阶梯定价下的预算约束转化为传统形式。接下来将会研究条件需求下传统函数表达形式，以对离散选择进行建模。

首先对预算集为第一种类型，即消费量正好落在分界点上 $x_1 = x_{1k}$ 时的效用最大化问题求解。由于消费量 x_1 受限于 x_{1k}（需要意识到的是，当消费者不受限时，最优消费有可能不是 x_{1k}），Rothbarth（1941）引入虚拟价格用来表示在消费者不受限制情形下仍消费 x_{1k} 时的价格，用 $\hat{p}_1$ 表示（需要注意的是，在使用虚拟价格时，考虑建立在实际价格上的间接效用函数是无意义的）[1]。由于：

$$x_{1k} = x_1^*[\hat{p}_1, p_2, \cdots, p_n, y + d_k + (\hat{p}_1 - p_{1k})x_{1k}, \theta] \qquad (4.11)$$

故 $\hat{p}_1$ 是不受限制商品的价格、收入、差分，受限制商品的实际价格以及自身约束水平的函数。式中的 y 为消费者的实际收入水平，而将预算约束线性化的 d_k 是收入的补充，$(\hat{p}_1 - p_{1k})x_{1k}$ 则代表在受约束与不受约束条件下消费 x_{1k} 时的支出差异。则条件间接效用函数为：

---

[1] Neary & Roberts（1980）描述了在受约束的需求和传统的需求间虚拟价格存在的充分条件，这些条件包括消费者的偏好是连续的、严格单调和凸的，并给出了以实际价格消费的理性消费者和以虚拟价格消费的非理性消费者间支出函数的相关性等于一个定量的次数。

$$\overline{V}^k(p,\ y,\ \theta) = V^*\big[\hat{p}_1(\ \cdot\ ),\ p_2,\ \cdots,\ p_n,$$
$$y + d_k + (\hat{p}_1(\ \cdot\ ) - p_{1k})x_{1k},\ \theta\big] \tag{4.12}$$

接下来，将对预算集为第二种类型，即消费量落在档内（$x_{1k-1} \leq x_1 \leq x_{1k}$）时的效用最大化问题求解。此问题的求解过程与第一种类型不同，不仅需要考虑到总体预算集限制，还要考虑到内部不同档次的限制。

若 $x_{1k-1} \leq x_1^*[p_{1k},\ p_2,\ \cdots,\ p_n,\ y + d_k,\ \theta] \leq x_{1k}$，则最优消费量为给定的 $x_1^*[p_{1k},\ p_2,\ \cdots,\ p_n,\ y + d_k,\ \theta]$；若 $x_1^*[p_{1k},\ p_2,\ \cdots,\ p_n,\ y + d_k,\ \theta] \leq x_{1k-1}$，则需要修正效用最大化问题，即 $\max U(x_1,\ \cdots x_n;\ \theta)$ 依赖于 $\sum\limits_{j=2}^{n} p_j x_j \leq y + d_{k-1} - p_{1k-1}x_{1k-1}$ 和 $x_1 = x_{1k-1}$；若 $x_1^*[p_{1k},\ p_2,\ \cdots,\ p_n,\ y + d_k,\ \theta] > x_{1k}$，则修正的效用最大化问题 $\max U(x_1,\ \cdots x_n;\ \theta)$ 依赖于 $\sum\limits_{j=2}^{n} p_j x_j \leq y + d_k - p_{1k}x_{1k}$ 和 $x_1 = x_{1k}$。两个修正的效用最大化函数都与第一种预算集下的效用函数有相同的结构。第二种预算集下效用最大化问题的解决可总结为：

$$x_1^k(p,\ y,\ \theta) = \begin{cases} x_{1k-1} & if\ \ x_1^*(p_{1k},\ p_2,\ \cdots,\ p_n,\ y + d_k,\ \theta) \leq x_{1k-1} \\ x_{1k} & if\ \ x_1^*(p_{1k},\ p_2,\ \cdots,\ p_n,\ y + d_k,\ \theta) \geq x_{1k} \\ x_1^*(p_{1k},\ p_2,\ \cdots,\ p_n,\ y + d_k,\ \theta) & otherwise \end{cases}$$
$$\tag{4.13a}$$

以及：

$$\overline{V}^k(p,\ y,\ \theta) = \begin{cases} V^*[\hat{p}_L,\ p_2,\ \cdots,\ p_n,\ y + d_{k-1} + (\hat{p}_L - p_{1k-1})x_{1k-1}, \\ \quad \theta]\quad if\ \ x_1^*(p_{1k},\ p_2,\ \cdots,\ p_n,\ y + d_k,\ \theta) \leq x_{1k-1} \\ V^*[\hat{p}_U,\ p_2,\ \cdots,\ p_n,\ y + d_{k-1} + (\hat{p}_U - p_{1k})x_{1k},\ \theta] \\ if\ \ x_1^*(p_{1k},\ p_2,\ \cdots,\ p_n,\ y + d_k,\ \theta) \geq x_{1k} \\ V^*[p_{1k},\ p_2,\ \cdots,\ p_n,\ y + d_k,\ \theta]\quad otherwise \end{cases}$$
$$\tag{4.13b}$$

由于虚拟价格需要受限于最低和最高价格（即 $\hat{p}_L$ 与 $\hat{p}_U$）的限

制，故：

$$x_{1k-1} = x_1^* \left[\hat{p}_L, \ p_2, \ \cdots, \ p_n, \ y + d_{k-1} + (\hat{p}_L - p_{1k-1}) x_{1k-1}, \ \theta \right]$$

$$\text{(4. 14a)}$$

$$x_{1k} = x_1^* \left[\hat{p}_U, \ p_2, \ \cdots, \ p_n, \ y + d_k + (\hat{p}_U - p_{1k}) x_{1k}, \ \theta \right]$$

$$\text{(4. 14b)}$$

式（4.11）~式（4.14）显示了条件需求与间接效应函数能够从传统间接效用函数中推导而来。首先，将罗伊等式应用到 $V^*(\cdot)$ 中来获得传统需求函数 x_i^*，然后估计 $x_i^*(p_{1k}, \ p_2, \ \cdots, \ p_n, \ y + d_k, \ \theta)$ 来确认 x_i^* 是位于 $[x_{1k-1}, \ x_{1k}]$ 区间范围内还是在其外，若在区间内则估计使用的价格和收入即为 p_{1k}、$y + d_k$，若在区间之外，式（4.14）中的虚拟价格用来替代式（4.13）中的 p_{1k}。

图 4 – 1 展示了在两档阶梯定价下的包含消费量与效用函数曲线的效用最大化束。连续选择即落在档内时，比如第一档，其效用最大化的点为第一档与第二档的分界点，此时效用曲线为 u_1。可以看出，考虑到第一档边界以及消费者预算约束，此时效用最大化的点并不是效用曲线与预算线相切的点，而是第一档的最高点 x_{11}，同时此点也是第二档内求解效用最大化时的一部分。而当选择落在第二档上时，此时效用最大化的点所在的效用曲线 u_2 高于 x_{11} 上的效用曲线 u_1。我们将此种情形下的离散和有条件的连续选择结合到一起，用无条件的马歇尔需求函数来表示：将（13a）中 $k = 1, 2, \cdots, K$ 时的条件需求等式累积，联立不等式则代表了离散选择时的表达式。假定消费者的偏好并不随着离散选择的存在而变化。则在两档递增阶梯定价下的无条件需求函数表达式为：

$$x_1 = \begin{cases} x_1^*(p_{11}, \ y + d_1; \ \theta) & if \ \ x_1^*(p_{11}, \ y + d_1; \ \theta) < x_{11} \\ x_{11} & if \ \ x_{11} < x_1^*(p_{11}, \ y + d_1; \ \theta) \ and \ x_1^*(p_{12}, \ y + d_2; \ \theta) \leqslant x_{11} \\ x_1^*(p_{12}, \ y + d_2; \ \theta) & if \ \ x_{11} < x_1^*(p_{12}, \ y + d_2; \ \theta) \end{cases}$$

$$\text{(4. 15)}$$

式（4.15）中的三部分代表了阶梯定价结构下消费者的离散与连续

选择，θ 代表效用函数中的估计系数。但式（4.15）还不是一个随机模型，还不能进行统计估计。在对其进一步系数估计之前，需要注意等式（4.7）、（4.8）、（4.9）仅仅是对 DCC 模型一个启发式的描述，其依赖于效用函数中未知的系数，而这些系数又正是需要估计的，这看似陷入一个无从解出的循环中。但豪斯曼（Hausman，1979）认为全部的预算集是凸的，而最优解又是其某个子集中的唯一一点，这点决定了消费者离散选择以及有条件连续选择，其理论建立在全部预算集为凸的基础之上。本书也将以此为前提进行分析，对于非凸预算集下效用最大化求解问题可详见波特里斯和豪斯曼（Burtless & Hausman，1978）和里斯和齐尚（Reece & Zieschang，1985）。

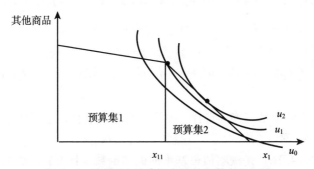

图 4 -1　离散/连续选择中的效用最大化问题

（二）离散/连续选择（DCC）模型的推导

1. 最大似然估计函数

在标准的计量经济学模型中，随机误差项代表了不可观测因素或被遗漏变量。由于离散连续选择模型描述了一个更加复杂的需求行为，故随机误差项的引入应该更谨慎，用不同方法加入的随机误差项都有着不同的解释。莫菲特（Moffit，1986）发现双误差存在于劳动力供给、福利项目以及慈善事业的研究中，休伊特（Hewitt，1994）在使用 DCC 模型对用水需求估计时加入了 2 个随机误差项。

第 1 个误差项为代表消费者偏好的异质性误差，即虽然消费者了解自身偏好，但研究者不能了解或观察到；第 2 个代表不能被研究者和消费者同时观察到的误差项，这个误差项发生在第 1 个误差项之后，及当消费者完全意识到自身偏好并选择在能够达到效用最大化的点 x_1 上进行消费时，实际观测到的消费量却有别于 x_1 时的误差项，帕德尼（Pudney，1989）将其称为最优化误差，波特里斯和豪斯曼（1978）将其称作测量误差，由于此误差观测或感知不到，休伊特（Hewitt，1993）将其称作感知误差①。波特里斯和豪斯曼（1978）首次在 DCC 模型中引入双误差项，ε 代表消费者偏好的异质性误差，η 代表感知误差。将这两个误差代入式（4.15）中，得到：

$$x_1 = \begin{cases} x_1^*(p_{11},\ y+d_1;\ \theta)+\varepsilon+\eta & if \quad \varepsilon < x_{11}-x_1^*(p_{11},\ y+d_1;\ \theta) \\ x_{11}+\eta \quad if \quad x_{11}-x_1^*(p_{11},\ y+d_1;\ \theta)\leqslant\varepsilon\leqslant x_{11}-x_1^* \\ (p_{12},\ y+d_2;\ \theta) \\ x_1^*(p_{12},\ y+d_2;\ \theta)+\varepsilon+\eta \quad if \quad x_{11}-x_1^*(p_{12},\ y+d_2;\ \theta)<\varepsilon \end{cases}$$

$$(4.16)$$

由于 ε 影响离散与连续选择，η 只影响连续选择，故式中系数能够估计出来。

式（4.16）是观察值最基本的似然函数，且可看出离散选择依赖于 η，而连续选择依赖于 $\varepsilon+\eta$。为了建立落在第一档与第二档上的可能性，还需要一个联合分布：

$$g_{\varepsilon+\eta,\varepsilon}(\varepsilon+\eta,\ \varepsilon)=|J|f_{\varepsilon,\eta}(\varepsilon,\ \eta)I_g(\varepsilon,\ \eta) \qquad (4.17)$$

式（4.17）中，$|J|$ 是从 $(\varepsilon,\ \eta)$ 转化为 $(\varepsilon+\eta,\ \varepsilon)$ 时的雅克比行列式，I 为 g 的指示函数。当用 Z 代表社会或地理变量，δ、α、μ 代表未知效用函数中的系数，则式（4.16）可以写为：

①　Hewitt（1993）认为最优化与测量误差的叫法用词不当，最优化误差让人误以为消费者在作出选择时由于自身能力不足而引起的误差，测量误差会让人误以为是研究者测量不准确而引起的误差。

$$
\ln x_1 = \begin{cases}
Z\delta + \alpha\ln p_{11} + \mu\ln(y+d_1) + \varepsilon + \eta & if \quad \varepsilon < \ln x_{11} - Z\delta - \\
\alpha\ln p_{11} - \mu\ln(y+d_1) \\
\ln x_{11} + \eta \quad if \quad \ln x_{11} - Z\delta - \alpha\ln p_{11} - \mu\ln(y+d_1) \leqslant \varepsilon \leqslant \\
\ln x_{11} - Z\delta - \alpha\ln p_{12} - \mu\ln(y+d_2) \\
Z\delta + \alpha\ln p_{12} + \mu\ln(y+d_2) + \varepsilon + \eta & if \quad \varepsilon > \ln x_{11} - Z\delta - \\
\alpha\ln p_{12} - \mu\ln(y+d_2)
\end{cases}
$$

$$(4.18)$$

而对数似然函数的导出需要了解 $f_{\varepsilon\eta}(\varepsilon, \eta)$ 及 $g_{\varepsilon+\eta,\varepsilon}(\varepsilon+\eta, \varepsilon)$，若 ε、η 为独立的，则 $f_{\varepsilon\eta}(\varepsilon, \eta) = f_{\varepsilon}(\varepsilon)f_{\eta}(\eta)$。式 (4.16) 中间的表达式包含了 η 和 ε，或者 $f_{\eta}(\eta)F_{\varepsilon}(\varepsilon)$，而其他两个表达式包含了 η 和 ε 的取值范围，且 η 的取值依赖于 ε。式 (4.17) 是式 (4.16) 的工具变量，且定义 $g_{\nu,\varepsilon}(\nu, \varepsilon) = g_{\nu|\varepsilon}(\nu|\varepsilon)f_{\varepsilon}(\varepsilon)$，$\nu = \varepsilon + \eta$。$g_{\nu,\varepsilon}$ 为一个联合独立正态分布，能够分解为标准正态分布和累积正态分布。用 ρ 代表 ν 与 ε 间的相关系数，则式 (4.18) 的似然函数可写为：

$$
\ln L = \sum_{all} \ln\left\{\frac{\exp(-w_1^2/2)}{\sigma_v}\Phi(r_1) + \frac{\exp(-u^2/2)}{\sigma_{\eta}}\right.
$$
$$
\left.[\Phi(t_2) - \Phi(t_1)] + \frac{\exp(-w_2^2/2)}{\sigma_{\nu}}[1 - \Phi(r_2)]\right\} \quad (4.19)
$$

其中：$w_k = [\ln x_1 - Z\delta - \mu\ln(y+d_k) - \alpha_1\ln p_{1k}]/\sigma_{\nu}$
$t_k = [\ln x_{11} - Z\delta - \mu\ln(y+d_k) - \alpha_1\ln p_{1k}]/\sigma_{\varepsilon}$
$r_k = (t_k - \rho w_k)/\sqrt{1-\rho^2}$
$\sigma_{\nu} = \sqrt{\sigma_{\varepsilon}^2 + \sigma_{\eta}^2}$ $\qquad \rho = \sigma_{\varepsilon}/\sigma_{\nu}$

式 (4.19) 为最终包含了所有观测值最大似然函数，Φ 为标准累积正态分布函数。预期的消费量 x_1 将由 ε 和 η 决定。当仅由 ε 决定，说明计划消费与实际消费一致时，消费者不受感知误差的影响。若由 ε 和 η 共同决定，则意味着 x_1 将会受到消费者异质性、感知误差的影响。故当 $\varepsilon^* = \exp(\varepsilon)$ 及 $\eta^* = \exp(\eta)$ 时预期的消费量 x_1（而不是 $\ln x_1$）将由下式给出：

$$E_{\varepsilon^*,\eta^*}[x_1] = \exp(Z\delta)p_{11}^{\alpha_1}(y+d_1)^\mu \times \int_0^\infty \int_0^{x_{11}/\bar{x}_1^{-1}} \eta^* \varepsilon^* f(\varepsilon^*,\eta^*)$$

$$d\varepsilon^* d\eta^* + x_{11}\int_0^\infty \int_{x_{11}/\bar{x}_1^{-1}}^{x_{11}/\bar{x}_1^{-2}} \eta^* f(\varepsilon^*,\eta^*)d\varepsilon^* d\eta^* + \exp(Z\delta)$$

$$p_{12}^{\alpha_1}(y+d_2)^\mu \times \int_0^\infty \int_{x_{11}/\bar{x}_1^{-2}}^\infty \eta^* \varepsilon^* f(\varepsilon^*,\eta^*)d\varepsilon^* d\eta^*$$

$$(4.20)$$

2. 模型假设条件补充

首先，前文指出一些文献认为消费者的反应价格并非边际价格，也有可能是平均价格。式（4.15）、（4.16）使用预算约束下的边际价格，并根据效用最大化原则引出最优消费行为，其中商品 x_1 的所有边际价格都包含在观察值的解释变量中，由于感知误差的存在使得计划消费与实际消费不一致，同样，由于可能存在的消费者有限理性，或受某些心理认知和社会认知效应的影响，消费者可能对预期边际价格或平均价格做出反应，专门有相关文献对其进行讨论。但需要注意的是，DCC 模型中不需要对此问题进行探讨，因为其假定消费者了解定价结构并基于边际价格进行消费。虽然，贝蒂（Beattie，1981）和尼斯娃多米和莫利纳（Nieswiadomy & Molina，1989）认为消费者基于边际价格消费的论断并不合理。即便如此，也并不意味着 DCC 模型是错误的，它可作为一个消费者作出理性选择时对需求量的估计方法，分析消费者在了解定价结构时的需求行为。

其次，DCC 模型中并未使用联立性方程来解决价格与消费量之间同时决定的问题①，其中的离散选择已经解决了内生性问题。由于将其分成了一个个连续选择的子集，连续选择中不存在价格与消费共同决定的问题，故估计过程中并未使用工具变量来避免内生性问题的存在。

最后，DCC 模型中收入和差分变量的系数相同但符号相反的 EM-OS（Equal-in – Magnitude，Opposite-in – Sign）假设由泰勒（1975）提

---

① 其实考虑到不可观测的感知误差项的存在，联立方程也并未真正解决价格与消费量的联立性问题（或价格内生性问题）。

出，诺丁（1976）作了进一步修正，且这个假设逐渐被认为是区分使用边际价格还是平均价格的方法。离散选择确实是预算约束下的选择，且收入为虚拟收入，即实际收入与差分之和。将虚拟收入进行分解，且验证收入与差分的系数是否相同，这如同在需求分析中将收入分为储蓄和消费，检验二者之间的系数是否相同，以证明收入即是收入，但在 DCC 模型中这种检验并不是必要的。

4.2.2　加总离散/连续选择模型构建

上一节对 DCC 模型的微观原理及推导过程给出了详细说明，相较于其他早期模型，DCC 模型不仅能够在预算约束分段线性的情形下求解效用最大化问题，还能解决价格与消费量共同决定的问题。但需要注意的是，DCC 模型适用的研究对象为微观个体，需要知悉家庭层面的微观数据，这种较高的数据要求，使得 DCC 模型在实际应用中受到很大制约。此外，国外文献在对 DCC 模型的应用也只是针对某一地区或某些消费者的研究，其结果虽然对其他地区有一定借鉴意义，但仍不适合推广到更大甚至全国范围。对于中国这种在全国范围内实施 IBP 的情形来说，针对每个消费者或家庭的相关变量进行调查分析显然是不可能的。如何将 DCC 模型改进并一般化，在只有加总数据的情况下仍能使用，拓展其应用范围，是一个需要解决的问题。基于此，本节将在 DCC 模型基础上，进一步放开其前提条件与研究假设，拓展成总 DCC 模型。

（一）基本假设

本节将基于中国现有阶梯定价实施现状对加总 DCC 模型进行推导，并将其应用到实际分析中。同 DCC 模型一样，加总模型也假定消费者反应价格为边际价格。按照国家发展和改革委员会的要求，中国阶梯电价以省（自治区、直辖市）为单位实施，且均实行 3 档阶梯电价结构。假定某地区 i 在时期 t 的价格结构为：

$$P = \begin{cases} P1_{it} & 0 < Q_{ijt} \leq Q1_{it} \\ P2_{it} & Q1_{it} < Q_{ijt} \leq Q2_{it} \\ P3_{it} & Q_{ijt} > Q2_{it} \end{cases} \qquad (4.21)$$

其中，$P1_{it}$、$P2_{it}$、$P3_{it}$分别代表地区 i 在 t 期第 1 档、2 档、3 档上的价格，$Q1_{it}$、$Q2_{it}$代表第 1 档与第 2 档、第 2 档与第 3 档之间的临界电量，Q_{ijt}代表用户 j 在 t 期实际的需求量。

为了方便弹性计算，以及便于比较不同模型下的估计结果，本书将主要变量取其对数形式：

$$\ln Q_{ijt} = \alpha_1 D_{it} + \alpha_2 T_{it} + \beta \ln P_{it} + \gamma_1 H_{ijt} + \gamma_2 A_{ijt} +$$
$$\gamma_3 Y_{ijt} + \delta_1 C_{ijt} + \delta_2 L_{ijt} + \mu_{ijt} + \varepsilon_{ijt} \qquad (4.22)$$

式（4.22）为当消费者面临边际价格 P_{it} 时的需求量表达式。其中，Q_{ijt}代表地区 i 中的用户 j 在 t 期的需求量，其主要受地域情况、价格、家庭特征和电力替代品 4 个方面的影响。对于地域情况，本书用南北方地区虚拟变量 D_{it} 及温度 T_{it} 表示，其中，温度变量参照 Silk & Joutz（1997），Kamerschen & Porter（2004）等的研究，取采暖度日数（Heating Degree Days，HDD）和取冷度日数（Cooling Degree Days，CDD）两个气象指标。其计算公式为：

第 m 天的度日数：

$$HDD_m = \max\{[0;(T_{ref} - T_{avg})]\}, \ CDD_m = \max\{[0;(T_{avg} - T_{ref})]\}$$

年度日数：

$$HDD = \int_m \max\{[0;(T_{ref} - T_{avg})]\}, \ CDD = \int_m \max\{[0;(T_{avg} - T_{ref})]\}$$

其中，T_{ref} 为基础温度，T_{avg} 为日平均温度。一般而言，HDD 中的基础温度为 18℃，CDD 的基础温度为 26℃，故本书使用 HDD18 与 CDD26 两个年度日数指标。

对于价格，本书用消费者 j 在 t 期面临的边际价格 P_{it}，估计过程中取其对数以求价格弹性。对于反映用户间异质性的家庭特征，本书用家庭人口数 H_{ijt}，家用电器数量 A_{ijt}，人均可支配收入 Y_{ijt} 来表示，当消费量超过第 1 档时，要将收入 Y_{ijt} 调整成虚拟收入 $\tilde{Y}_{ijt}$，以反映定价结构对消费者的隐性补贴。对于可能会影响到电力消费的其他替代品，本书用煤气用量 C_{ijt}、液化石油气用量 L_{ijt} 表示。另外，与普通的单误差模型不同，本模型包含两个误差项：①代表不能够用家庭特征解释但影响家庭用电选择偏好的异质性误差 μ_{ijt}；②代表不能同时被消费者与分析者观测到的随机误差 ε_{ijt}，其包含了优化误差以及测量误差两部分。本书假定这两个误差项都服从均值为 0，方差为 σ_μ^2、σ_ε^2 的独立正态分布。

（二）DCC 模型的拓展

由式（4.22）可知，当对微观家庭需求量求解时，不仅需要了解 N_i 个家庭所在地区情况及面临的价格结构，还需要知悉每个家庭的人口数 H_{ijt}，家用电器数量 A_{ijt} 和人均可支配收入 Y_{ijt} 等，数据获取难度较大。为避免上述问题，假定在模型设定阶段，对具体家庭情况并不知悉，只可观察到地区家庭用户的平均特征。这时假定表示家庭特征的变量及替代品消费量均服从独立正态分布，即 $H_{ijt} \sim N(\bar{H}_{it},\ \sigma_{H_{it}}^2)$；$Y_{ijt} \sim N(\bar{Y}_{it},\ \sigma_{Y_{it}}^2)$；$A_{ijt} \sim N(\bar{A}_{it},\ \sigma_{A_{it}}^2)$；$C_{ijt} \sim N(\bar{C}_{it},\ \sigma_{C_{it}}^2)$；$L_{ijt} \sim N(\bar{L}_{it},\ \sigma_{L_{it}}^2)$。在 3 档阶梯定价下，$N_i$ 个家庭落在各部分的平均电力需求为：

（1）用户平均落在第 1 档上时，电力需求表达式为：

$$\ln Q_{it\_1} = \alpha_1 D_{it} + \alpha_1 T_{it} + \beta \ln P1_{it} + \gamma_1 \bar{H}_{it} + \gamma_2 \bar{A}_{it} +$$
$$\gamma_3 \bar{Y}_{it} + \delta_1 \bar{C}_{it} + \delta_2 \bar{L}_{it} + \mu_{it} + \varepsilon_{it} \qquad (4.23)$$

用户知道自身异质性属性，在效用最大化时，选择落在第 1 档消费区间的前提条件是：

$$\ln Q_{it\_1} < \ln Q1_{it} \qquad (4.24)$$

进一步转换后，得到条件：

$$\mu_{it} < \ln Q1_{it} - [\alpha_1 D_{it} + \alpha_2 T_{it} + \beta \ln P1_{it} + \gamma_1 \bar{H}_{it} +$$
$$\gamma_2 \bar{A}_{it} + \gamma_3 \bar{Y}_{it} + \delta_1 \bar{C}_{it} + \delta_2 \bar{L}_{it}] \qquad (4.25)$$

定义 1：$B1_{it} = \ln Q1_{it} - [\alpha_1 D_{it} + \alpha_2 T_{it} + \beta \ln P1_{it} + \gamma_1 \bar{H}_{it} +$

$$\gamma_2 \overline{A}_{it} + \gamma_3 \overline{Y}_{it} + \delta_1 \overline{C}_{it} + \delta_2 \overline{L}_{it}]$$

（2）用户平均落在第 1 档与第 2 档之间的尖点上时，需求函数为：

$$\ln Q_{it\_2} = \ln Q1_{it} + \varepsilon_{it} \tag{4.26}$$

此时前提条件是：

$$\ln Q1_{it} - [\alpha_1 D_{it} + \alpha_2 T_{it} + \beta \ln P1_{it} + \gamma_1 \overline{H}_{it} + \gamma_2 \overline{A}_{it} + \gamma_3 \overline{Y}_{it} + \delta_1 \overline{C}_{it} +$$
$$\delta_2 \overline{L}_{it}] < \mu_{it} < \ln Q1_{it} - [\alpha_1 D_{it} + \alpha_2 T_{it} + \beta \ln P2_{it} + \gamma_1 \overline{H}_{it} +$$
$$\gamma_2 \overline{A}_{it} + \gamma_3 (\overline{Y}_{it} + I_{it\_2}) + \delta_1 \overline{C}_{it} + \delta_2 \overline{L}_{it}] \tag{4.27}$$

其中，$\overline{Y}_{it} + I_{it\_2}$ 代表用户落在第 2 档上时的虚拟收入，$I_{it\_2} = (P2_{it} - P1_{it}) Q1_{it}$。

定义 2：

$$B2_{it} = \ln Q1_{it} - [\alpha_1 D_{it} + \alpha_2 T_{it} + \beta \ln P2_{it} + \gamma_1 \overline{H}_{it} +$$
$$\gamma_2 \overline{A}_{it} + \gamma_3 (\overline{Y}_{it} + I_{it\_2}) + \delta_1 \overline{C}_{it} + \delta_2 \overline{L}_{it}]$$

（3）用户平均落在第 2 档上时，其电力需求表达式为：

$$\ln Q_{it\_3} = [\alpha_1 D_{it} + \alpha_2 T_{it} + \beta \ln P2_{it} + \gamma_1 \overline{H}_{it} + \gamma_2 \overline{A}_{it} +$$
$$\gamma_3 (\overline{Y}_{it} + I_{it\_2}) + \delta_1 \overline{C}_{it} + \delta_2 \overline{L}_{it} + \mu_{it} + \varepsilon_{it}] \tag{4.28}$$

如同第 1 档的需求分析，用户平均落在第 2 档消费区间的前提条件是：

$$\ln Q1_{it} < \ln Q_{it\_3} < \ln Q2_{it} \tag{4.29}$$

进一步转换后，得到条件：

$$\ln Q1_{it} - [\alpha_1 D_{it} + \alpha_2 T_{it} + \beta \ln P1_{it} + \gamma_1 \overline{H}_{it} + \gamma_2 \overline{A}_{it} + \gamma_3 (\overline{Y}_{it} + I_{it\_2}) +$$
$$\delta_1 \overline{C}_{it} + \delta_2 \overline{L}_{it}] < \mu_{it} < \ln Q2_{it} - [\alpha_1 D_{it} + \alpha_2 T_{it} + \beta \ln P2_{it} +$$
$$\gamma_1 \overline{H}_{it} + \gamma_2 \overline{A}_{it} + \gamma_3 (\overline{Y}_{it} + I_{it\_2}) + \delta_1 \overline{C}_{it} + \delta_2 \overline{L}_{it}] \tag{4.30}$$

定义 3：

$$B3_{it} = \ln Q2_{it} - [\alpha_1 D_{it} + \alpha_2 T_{it} + \beta \ln P2_{it} + \gamma_1 \overline{H}_{it} +$$
$$\gamma_2 \overline{A}_{it} + \gamma_3 (\overline{Y}_{it} + I_{it\_2}) + \delta_1 \overline{C}_{it} + \delta_2 \overline{L}_{it}]$$

（4）当用户落在第 2 档与第 3 档之间的尖点上时，即

$$\ln Q_{it\_4} = \ln Q2_{it} + \varepsilon_{it} \tag{4.31}$$

此时前提条件是：

$$\ln Q2_{it} - \left[\alpha_1 D_{it} + \alpha_2 T_{it} + \beta\ln P1_{it} + \gamma_1 \overline{H}_{it} + \gamma_2 \overline{A}_{it} + \gamma_3(\overline{Y}_{it} + I_{it\_2}) + \right.$$
$$\left. \delta_1 \overline{C}_{it} + \delta_2 \overline{L}_{it}\right] < \mu_{it} < \ln Q2_{it} - \left[\alpha_1 D_{it} + \alpha_2 T_{it} + \beta\ln P3_{it} + \gamma_1 \overline{H}_{it} + \right.$$
$$\left. \gamma_2 \overline{A}_{it} + \gamma_3(\overline{Y}_{it} + I_{it\_2} + I_{it\_3}) + \delta_1 \overline{C}_{it} + \delta_2 \overline{L}_{it}\right] \tag{4.32}$$

其中，$\overline{Y}_{it} + I_{it\_2} + I_{it\_3}$ 为第 3 档的虚拟收入，$I_{it\_3} = (P3_{it} - P2_{it})Q2_{it}$。

定义 4：

$$B4_{it} = \ln Q2_{it} - \left[\alpha_1 D_{it} + \alpha_2 T_{it} + \beta\ln P3_{it} + \gamma_1 \overline{H}_{it} + \gamma_2 \overline{A}_{it} + \right.$$
$$\left. \gamma_3(\overline{Y}_{it} + I_{it\_2} + I_{it\_3}) + \delta_1 \overline{C}_{it} + \delta_2 \overline{L}_{it}\right]$$

（5）当用户落在第 3 档时，其电力需求的表达式为：

$$\ln Q_{it\_5} = \alpha_1 D_{it} + \alpha_2 T_{it} + \beta\ln P3_{it} + \gamma_1 \overline{H}_{it} + \gamma_2 \overline{A}_{it} + \gamma_3(\overline{Y}_{it} + I_{it\_2} + I_{it\_3}) + \delta_1 \overline{C}_{it} + \delta_2 \overline{L}_{it} + \mu_{it} + \varepsilon_{it} \tag{4.33}$$

用户落在第 3 档消费区间的前提条件是：

$$\ln Q2_{it} < \ln Q_{it\_3} \tag{4.34}$$

进一步转换后，得到条件：

$$\ln Q2_{it} - \left[\alpha_1 D_{it} + \alpha_2 T_{it} + \beta\ln P3_{it} + \gamma_1 \overline{H}_{it} + \gamma_2 \overline{A}_{it} + \gamma_3(\overline{Y}_{it} + I_{it\_2} + I_{it\_3}) + \delta_1 \overline{C}_{it} + \delta_2 \overline{L}_{it}\right] < \mu_{it} < \infty \tag{4.35}$$

定义 5：

$$B5_{it} = \ln Q2_{it} - \left[\alpha_1 D_{it} + \alpha_2 T_{it} + \beta\ln P3_{it} + \gamma_1 \overline{H}_{it} + \gamma_2 \overline{A}_{it} + \right.$$
$$\left. \gamma_3(\overline{Y}_{it} + I_{it\_2} + I_{it\_3}) + \delta_1 \overline{C}_{it} + \delta_2 \overline{L}_{it}\right]$$

将各部分的需求量表达式同时列出，即为：

$$\ln Q_{it} = \begin{cases} \ln Q_{it\_1} = \alpha_1 D_{it} + \alpha_1 T_{it} + \beta\ln P1_{it} + \gamma_1 \overline{H}_{it} + \gamma_2 \overline{A}_{it} + \gamma_3 \overline{Y}_{it} + \\ \quad \delta_1 \overline{C}_{it} + \delta_2 \overline{L}_{it} + \mu_{it} + \varepsilon_{it}, & if \quad \mu_{it} < B1_{it} \\ \ln Q_{it\_2} = \ln Q1_{it} + \varepsilon_{it}, & if \quad B2_{it} < \mu_{it} < B1_{it} \\ \ln Q_{it\_3} = \left[\alpha_1 D_{it} + \alpha_2 T_{it} + \beta\ln P2_{it} + \gamma_1 \overline{H}_{it} + \gamma_2 \overline{A}_{it} + \gamma_3(\overline{Y}_{it} + \right. \\ \quad \left. I_{it\_2}) + \delta_1 \overline{C}_{it} + \delta_2 \overline{L}_{it} + \mu_{it} + \varepsilon_{it}\right], & if \quad B3_{it} < \mu_{it} < B2_{it} \\ \ln Q_{it\_4} = \ln Q2_{it} + \varepsilon_{it}, & if \quad B4_{it} < \mu_{it} < B3_{it} \\ \ln Q_{it\_5} = \alpha_1 D_{it} + \alpha_2 T_{it} + \beta\ln P3_{it} + \gamma_1 \overline{H}_{it} + \gamma_2 \overline{A}_{it} + \gamma_3(\overline{Y}_{it} + \\ \quad I_{it\_2} + I_{it\_3}) + \delta_1 \overline{C}_{it} + \delta_2 \overline{L}_{it} + \mu_{it} + \varepsilon_{it}, & if \quad B5_{it} < \mu_{it} < B4_{it} \end{cases} \tag{4.36}$$

将每部分的需求表达式与概率相乘，并加总求和，即得到最终的表达式：

$$\ln Q_{it} = \left[\alpha_1 D_{it} + \alpha_2 T_{it} + \beta \ln P1_{it} + \gamma_1 \overline{H}_{it} + \gamma_2 \overline{A}_{it} + \gamma_3 \overline{Y}_{it} + \delta_1 \overline{C}_{it} + \right.$$

$$\left. \delta_2 \overline{L}_{it} \right] \Phi\left(\frac{B1_{it}}{\sigma_{\mu_{it}}}\right) + Q1_{it}\left[\Phi\left(\frac{B2_{it}}{\sigma_{\mu_{it}}}\right) - \Phi\left(\frac{B1_{it}}{\sigma_{\mu_{it}}}\right)\right] + \gamma_3 I_{it\_2}$$

$$\left[\Phi\left(\frac{B3_{it}}{\sigma_{\mu_{it}}}\right) - \Phi\left(\frac{B2_{it}}{\sigma_{\mu_{it}}}\right)\right] + Q2_{it}\left[\Phi\left(\frac{B4_{it}}{\sigma_{\mu_{it}}}\right) - \Phi\left(\frac{B3_{it}}{\sigma_{\mu_{it}}}\right)\right] +$$

$$\gamma_3 I_{it\_3}\left[\Phi\left(\frac{B5_{it}}{\sigma_{\mu_{it}}}\right) - \Phi\left(\frac{B4_{it}}{\sigma_{\mu_{it}}}\right)\right] + \varepsilon_{it} \qquad (4.37)$$

式（4.37）即为在无法观测到具体家庭，只对平均情况有所了解时可使用的加总 DCC 电力需求模型。其中，最后一项误差项 ε_{it} 服从标准正态分布 $N(0, \sigma_{\varepsilon_{it}}^2)$。此时，本书只需要知道地区 i 在 t 期的居民平均电力消费量 Q_{it}，天气情况 T_{it}，南北方虚拟变量 D_{it}，用电价格 P_{it}，平均的家庭人口数 $\overline{H}_{it}$，家用电器量 $\overline{A}_{it}$，人均可支配收入 $\overline{Y}_{it}$，代表替代品的家庭年均煤气消费量 $\overline{C}_{it}$、液化石油气消费量 $\overline{L}_{it}$，以及代表家庭异质性的 3 个变量的方差 $\sigma_{H_{it}}$，$\sigma_{A_{it}}$，$\sigma_{Y_{it}}$，就可以求出相应的电力需求与价格弹性。

4.3

居民用电需求估计

本节将运用 4.2 节推导出的加总 DCC 模型，估计中国居民的电力需求，通过与其他模型的比较，在验证加总模型有效性的同时，也将对不同定价结构下的价格弹性进行分析，以观察 IBP 引入后居民用电价格弹性的变化，来判断居民对何种定价结构更敏感。

4.3.1 变量选取与方法说明

（一）变量选取

由于电价的实施与调整均以省（自治区、直辖市）为单位进行，省内各地价格结构相同，加之城市相关家庭变量缺失比较严重，故本章将以省（自治区、直辖市）为单位进行样本收集。在中国内地 31 个省（自治区、直辖市）中，除去相关变量缺失比较严重的重庆、湖南、河北，以及未实行阶梯定价的新疆、西藏地区外，剩余 26 个省（自治区、直辖市）均在本章研究范围内。其中，浙江、福建于 2004 年，四川于 2006 年就开始在居民用电领域试点实施 IBP。由于重要变量的月度数据未有相关统计（如家庭年均生活用电量），且相关电价调整的文件只可查询到 2007 年，故本书收集的数据均以年度为单位，观察期为 2007～2013 年。其中，2007～2011 年为实行统一定价时期，2012 年、2013 年为实行 IBP 时期①。

本书以城镇居民家庭为研究对象。在数据收集过程中，发现城镇家庭年均生活用电量未有统计，故本书根据各地人均生活用电量与城镇家庭户均人口相乘而间接得出，单位为千瓦时；描述温度变量的两个指标，采暖度日数 HDD18 与取冷度日数 CDD26，根据美国国家海洋和大气管理局（NOAA）CDO 数据库中提供的每日城市温度数据计算得到，单位为摄氏度/天，且除直辖市外，其余省份的温度指标均用省会城市来代替；南北方的划分以秦岭—淮河为界，北方为 1，南方为 0；对于家用电器，本书只统计了居民生活中耗电量较多且使用频率较高的 5 种，分别是彩色电视机、电冰箱、家用电脑、空调器、洗衣机；家庭收入、人口变量用城镇家庭人均可支配收入、城镇家庭户均人口数来表示，单位分别为元、人；另外，加总 DCC 模型需要用到表示家庭异质性的收入方差、家用电器方差、家庭人口方差，由于难以对每个家庭逐一进行统计并计算，故本书对各地统计年鉴中按家庭收入五等分下的收入、电器数量、家庭人口数据分别进行收集，以这 3 个变量在 5 种收入阶

---

① 中国 2012 年下半年才开始实施阶梯电价，但为方便估计，本书将其视作实施阶梯电价的年份。

层中的方差来代替；由于缺乏直接统计，本章根据中国城市统计年鉴计算出人均煤气、液化气生活用量，并与城镇家庭户均人口相乘得出城镇家庭年均生活用煤气、液化气用量。数据主要来源于各省（自治区、直辖市）的地方统计年鉴，部分来源于美国国家海洋和大气管理局（NOAA CDO）数据库、中国城市统计年鉴，国家发展和改革委员会网站上的电价调整文件。相关数据基本统计描述见表4-1。

表4-1　　　　　　　　　　数据基本统计描述

变量名	平均值	标准差	最小值	最大值
家庭用电量（LNQ）	6.973	0.413	5.999	7.889
电价（LNP）	-0.658	0.103	-0.975	-0.483
可支配收入（LNY）	9.814	0.331	9.212	10.689
平均人口数（H）	2.895	0.161	2.500	3.440
家用电器数（A）	4.814	1.180	3.190	7.677
采暖度日数（HDD18）	2304.360	1357.161	62.500	5822
取冷度日数（CDD26）	138.019	129.572	0.000	442.200
家庭煤气用量（C）	113.960	114.550	5.902	856.300
家庭液化气用量（L）	34.995	31.513	5.125	184.339

资料来源：作者自行整理。

（二）估计方法说明

首先，中国大范围实施阶梯电价始于2012年，由于阶梯电价样本太少，无法对其进行单独估计，故将对混合样本（2007~2013年全部26个地区的样本）与统一线性定价样本（除浙江、四川、福建三个试点地区外，其余23个地区2007~2011年的样本）分别估计，然后比较二者价格弹性。若差异较大，则一定程度上说明 IBP 的引入会造成弹性变化。其次，在混合样本估计中分离出阶梯样本的价格变量，根据其显著性来进一步判断 IBP 的引入是否确实对消费及弹性带来影响。再次，由于消费习惯的存在，前期消费也许会对本期造成影响，为排除此种因素，我们建立动态回归，在解释变量中引入需求量的一阶滞后，重新对以上步骤进行估计，以增强稳健性的同时再次巩固结论。最后，为探析引起弹性变化的原因，在排除一些潜在影响因素的基础上，借鉴欧姆斯德（Olmstead，2007）提出的交叉项（block × lnp）方法，来判断此变化究竟是定价结构引起的，还是其他因素变化造成的。

在对混合样本的估计中，除了使用加总 DCC 模型外，还使用 OLS 估计与简化估计两个模型，以便于对比。OLS 会因价格内生性问题产生有偏且不一致的估计量，简化估计通过线性化价格解决了此问题，在 DCC 模型出现之前一直得到广泛应用。在加总 DCC 模型中，地区数据的使用使得影响需求的因素更多，更易产生一般性的内生性问题，故有必要加入工具变量作进一步估计。通常采用一阶差分（Borenstein，2009；Blomquist & Selin，2010；Saez et al.，2012），但由于居民用电价格数据在阶梯电价实施之前鲜有变化，差分后为 0，故采用价格一阶滞后 $P_{i(t-1)}$ 来做工具变量。相关检验如表 4 - 2 所示。

表4 - 2　　　　　　　　　工具变量检验结果

内生性检验		弱工具变量检验	
豪斯曼检验（P 值）	7.33（0.007）	F 统计量（P 值）	63.309（0.000）
DWH 检验（P 值）	7.611（0.006）	Cragg - Donald Wald F 统计量	176.362

注：Cragg - Donald Wald F 统计量在 10% 的临界值为 16.38。

表 4-2 内生性检验结果显示，豪斯曼检验结果在 5% 的水平上拒绝"解释变量为外生的"原假设，即认为价格为内生变量，而当存在异方差时，DWH 的检验结果在 1% 的水平上同样认为价格为内生解释变量。对弱工具变量的检验显示，F 统计量为 63.309（超过10），且 P 值为 0.000，故不存在弱工具变量，进一步地，Cragg-Donald Wald F 统计量的值为 176.362，大于 10% 下的临界值 16.38，同样可拒绝弱工具变量的假设。可见，有必要在加总 DCC 模型的估计中引入 $P_{i(t-1)}$ 这个工具变量，以进一步验证估计结果，增强稳健性。

4.3.2　需求估计与弹性比较

（一）静态估计

首先，使用 OLS 估计模型、简化估计模型、加总 DCC 模型以及加入了工具变量的加总 DCC（Ⅳ）模型对混合样本进行估计，而后使用 OLS 对统一定价样本进行估计，以对比不同样本与估计方法下的价格弹性。估计结果如表 4-3 所示。

由表 4-3 结果可以看出，在混合样本下，简化估计、加总DCC 估计与加总 DCC（Ⅳ）估计的价格弹性分别为 -1.231，-1.036，-1.079。由于 OLS 估计会产生有偏且不一致，其估计的 -0.785 与前述 3 个值有较大差别。进一步地，发现简化估计与加总 DCC、加总 DCC（Ⅳ）的价格弹性有一定差异。这与休伊特和哈尼曼（Hewitt & Hanemann, 1995）、奥姆斯特德（Olmstead, 2009）得出的结论类似。奥姆斯特德（2009）发现简化估计的价格弹性统计上较不显著（仅在 10% 的水平下显著），且与 DCC 模型的估计值相差 0.349。休伊特和哈尼曼（1995）发现较 DCC 显著的负值弹性，简化模型估计的价格弹性不仅不显著且为正。结果中简化估计

表 4－3　　居民用电需求估计结果

变量	OLS估计（混合样本）	简化估计（混合样本）	加总DCC（混合样本）	加总DCC（IV）（混合样本）	OLS估计（统一定价）
价格（对数）	-0.785^{***} (0.176)	-1.231^{***} (0.257)	-1.036^{***} (0.152)	-1.079^{***} (0.026)	-0.341^{*} (0.265)
收入（对数）	0.877^{***} (0.064)	0.866^{***} (0.064)	0.829^{***} (0.030)	0.817^{***} (0.033)	0.952^{***} (0.096)
人口	0.270^{***} (0.094)	0.195^{**} (0.099)	0.232^{***} (0.006)	0.188^{***} (0.005)	0.345^{***} (0.132)
家用电器	0.084^{***} (0.027)	0.084^{***} (0.025)	0.094^{***} (0.006)	0.094^{***} (0.006)	0.102^{***} (0.028)
HDD18	$7.13\times10^{-5\,***}$ (0.000)	$7.15\times10^{-5\,***}$ (0.000)	$7.519\times10^{-5\,***}$ (0.000)	$7.614\times10^{-5\,***}$ (0.000)	$9.9\times10^{-5\,***}$ (0.000)
CDD26	$3.395\times10^{-4\,***}$ (0.000)	$5.895\times10^{-4\,***}$ (0.000)	$4.291\times10^{-35\,***}$ (0.000)	$6.298\times10^{-35\,***}$ (0.000)	0.001 (0.001)
家庭煤气用量	$3.211\times10^{-4\,***}$ (0.000)	$2.933\times10^{-4\,***}$ (0.000)	$3.81\times10^{-4\,***}$ (0.000)	$3.436\times10^{-5\,***}$ (0.000)	$4.69\times10^{-4\,***}$ (0.000)
家庭液化气用量	0.001^{***} (0.000)	0.002^{***} (0.000)	0.002^{***} (0.000)	0.002^{***} (0.000)	0.001 (0.000)

续表

变量	OLS 估计（混合样本）	简化估计（混合样本）	加总 DCC（混合样本）	加总 DCC（IV）（混合样本）	OLS 估计（统一定价）
南北方	-0.111 *** (0.030)	-0.123 *** (0.030)	-0.101 *** (0.009)	-1.627 *** (0.239)	-0.123 *** (0.033)
常数项	-3.574 *** (0.654)	-3.572 *** (0.646)	-4.211 *** (0.424)	-4.284 *** (0.432)	-4.295 *** (0.988)
σ_μ			0.112 *** (0.072)	0.121 *** (0.083)	
σ_ε			0.068 *** (0.069)	0.073 *** (0.078)	

注：①***、**、* 分别表示在 1%、5% 和 10% 的统计水平上显著；②σ_μ 与 σ_ε 分别代表加总 DCC 模型中的异质性误差与测量误差。

的价格弹性值与加总 DCC 相差 0.195，虽然差异不如上述二者的大，但也存在。奥姆斯特德（2009）与休伊特和哈内曼（Hewitt & Hanemann，1995）均并未对此现象给出较清晰、明确的解释，但都认为与模型本身有一定关联，即相较于简化模型只能估计消费者已选择的档内样本而言，DCC 模型既能对档内又能对尖点样本估计，以及考虑了居民用电异质性特点，使结果更准确。由实际估计结果也可看出，加总 DCC 与加总 DCC（IV）较简化模型的估计效果更好，各系数及双误差的估计值都十分显著，这表明了加总 DCC 模型的正确性与有效性，以及加入异质性误差与测量误差的必要性。因此，将以加总 DCC 及加总 DCC（IV）模型的估计结果为依据作进一步分析。

具体来看，加总模型估计的价格弹性为 -1，表明价格越高，用电量越少，且已处在有弹性的临界点上；收入弹性为 0.8，表明收入越高，用电量越多；人口、家用电器、温度的系数也为正，与预期相一致，表明各变量在数值上越高用电量也越多；而家庭煤气与家庭液化气用量的系数方向为正，一定程度上表明二者替代品属性并不明显，电力作为一种生活必需品，具有其他能源无法取代的属性；南北方虚拟变量的系数显示北方家庭用电量相对要小于南方，这也许与不同地区的生活习性或用电习惯有关。

进一步对比不同样本的估计结果。表 4-3 中，统一定价下的价格弹性为 -0.341，处在无弹性区间，绝对值明显小于混合样本下的结果。由于混合样本中多出了阶梯样本，这说明阶梯定价的引入使得居民对电价更敏感，价格弹性绝对值变大。为了验证此结论，将在对混合样本的估计中分离出阶梯定价价格变量，重新估计。结果如表 4-4 所示。

表 4 −4   分离阶梯价格后的结果

变量	OLS 估计	简化估计	加总 DCC	加总 DCC（IV）
价格（对数）	− 0. 923 *** (0. 182)	− 0. 984 *** (0. 352)	− 0. 861 *** (0. 038)	− 1. 086 *** (0. 122)
阶梯定价价格（对数）	− 0. 797 *** (0. 179)	− 0. 853 *** (0. 332)	− 0. 529 *** (0. 098)	− 0. 892 *** (0. 024)
收入（对数）	0. 967 *** (0. 073)	0. 968 *** (0. 070)	0. 867 *** (0. 06)	0. 926 *** (0. 025)
人口	0. 257 *** (0. 091)	0. 251 *** (0. 094)	0. 257 *** (0. 090)	0. 316 *** (0. 090)
家用电器	0. 076 *** (0. 025)	0. 076 *** (0. 024)	0. 081 *** (0. 019)	0. 072 *** (0. 030)
HDD18	$7. 4 \times 10^{-5}$ *** (0. 000)	$7. 39 \times 10^{-5}$ *** (0. 000)	$9. 122 \times 10^{-5}$ *** (0. 000)	$8. 718 \times 10^{-5}$ *** (0. 000)
CDD26	$4. 085 \times 10^{-4}$ ** (0. 000)	$5. 0 \times 10^{-4}$ * (0. 000)	$1. 267 \times 10^{-4}$ *** (0. 000)	$1. 266 \times 10^{-4}$ ** (0. 000)
家庭煤气用量	$2. 926 \times 10^{-4}$ *** (0. 000)	$2. 892 \times 10^{-4}$ *** (0. 000)	$3. 032 \times 10^{-4}$ *** (0. 000)	$1. 169 \times 10^{-4}$ *** (0. 000)
家庭液化气用量	$12. 057 \times 10^{-4}$ * (0. 000)	$12. 213 \times 10^{-4}$ ** (0. 000)	$12. 64 \times 10^{-4}$ *** (0. 000)	$13. 02 \times 10^{-4}$ *** (0. 000)
南北方	− 0. 138 *** (0. 029)	− 0. 139 *** (0. 029)	− 0. 155 *** (0. 030)	− 0. 129 *** (0. 028)
常数项	− 4. 427 *** (0. 709)	− 4. 465 *** (0. 670)	− 4. 189 *** (0. 576)	− 4. 761 *** (0. 671)
σ_μ			0. 110 *** (0. 070)	0. 117 *** (0. 069)
σ_ε			0. 060 *** (0. 058)	0. 076 *** (0. 077)

注：*** 、 ** 、 * 分别表示在 1%、5% 和 10% 的统计水平上显著。

表 4 - 4 显示，在加入了阶梯定价价格（对数）变量后，混合样本中的价格弹性与收入弹性较之前略有不同，但总体上变化不大，价格弹性在 - 0.9 和 - 1 之间，收入弹性 0.8 ~ 0.9，且其他变量系数也未有明显变化。而加入的阶梯定价价格（对数）变量的系数在统计上十分显著且为负值，这表明阶梯定价的引入确实会对需求量以及价格弹性造成一定影响，从而可确定 IBP 的引入会提高价格弹性。

（二）动态估计

由于消费习惯的存在，本期消费可能会受前一期影响。为进一步验证以上结论，在解释变量中引入需求量的一阶滞后 $Q_{i(t-1)}$，重新对以上步骤进行估计。首先是对居民用电需求进行动态估计。由表 4 - 5 可看出，需求滞后项都十分显著，且方向为正，表明前期确实会影响到当期消费。由统一定价样本下 - 0.262 和混合样本下 - 0.866、- 1.068 的价格弹性可看出，在排除了前期消费影响后，价格弹性在一定程度上变小，但混合样本的弹性仍然显著大于统一定价。收入弹性在数值上也有一定变小，但变化不大，其余变量系数也未有太大变化。

进一步地，在引入需求滞后项的前提下，再次将阶梯定价价格分离，来验证阶梯定价样本是否仍对弹性和消费存在影响。由表 4 - 6 可看出，价格与收入弹性较之前并未有明显变化，且阶梯定价价格（对数）系数仍比较显著，再次说明阶梯定价的引入会对价格弹性和消费需求产生影响。由此可见，即使考虑了需求滞后项，也并不妨碍得出混合样本的价格弹性大于统一定价的结论，即 IBP 的引入提高了居民价格弹性。

表 4-5

居民用电需求的动态估计结果

变量	OLS估计（混合样本）	简化估计（混合样本）	加总DCC（混合样本）	加总DCC（IV）（混合样本）	OLS估计（统一样本）
价格（对数）	-0.649*** (0.173)	-1.088*** (0.261)	-0.866*** (0.132)	-1.068*** (0.012)	-0.262* (0.257)
需求滞后项	0.157*** (0.053)	0.138*** (0.051)	0.271*** (0.069)	0.115*** (0.014)	0.138** (0.055)
收入（对数）	0.834*** (0.069)	0.826*** (0.068)	1.064*** (0.139)	0.665*** (0.010)	0.942*** (0.100)
人口	0.302*** (0.094)	0.222** (0.098)	0.318*** (0.091)	0.205*** (0.097)	0.337*** (0.130)
家用电器	0.058** (0.025)	0.063** (0.024)	0.060*** (0.029)	0.051*** (0.028)	0.060** (0.026)
HDD18	6.84×10^{-5}*** (0.000)	6.72×10^{-5}*** (0.000)	7.531×10^{-5}*** (0.000)	6.991×10^{-5}*** (0.000)	9.22×10^{-5}*** (0.000)
CDD26	3.03×10^{-4}** (0.000)	5.295×10^{-4}*** (0.000)	1.231×10^{-4}*** (0.000)	2.352×10^{-4}*** (0.000)	1.63×10^{-5} (0.000)
家庭煤气用量	2.52×10^{-4}*** (0.000)	2.396×10^{-4}*** (0.000)	1.724×10^{-4}*** (0.000)	2.68×10^{-4}*** (0.000)	3.866×10^{-4}*** (0.000)

续表

变量	OLS 估计 （混合样本）	简化估计 （混合样本）	加总 DCC （混合样本）	加总 DCC（IV） （混合样本）	OLS 估计 （统一样本）
家庭液化气用量	$10.544 \times 10^{-4*}$ (0.000)	$13.565 \times 10^{-4***}$ (0.000)	10.9×10^{-4} (0.000)	$13.54 \times 10^{-4***}$ (0.000)	9.568×10^{-4} (0.000)
南北方	-0.108^{***} (0.032)	-0.113^{***} (0.031)	-0.093^{***} (0.029)	-0.128^{***} (0.027)	-0.115^{**} (0.023)
常数项	-4.094^{***} (0.630)	-3.994^{***} (0.621)	-3.241^{***} (0.587)	-4.593^{***} (0.576)	-4.867^{***} (0.956)
σ_μ			0.112^{***} (0.072)	0.121^{***} (0.083)	
σ_ε			0.068^{***} (0.069)	0.073^{***} (0.078)	

注：***、**、* 分别表示在 1%、5% 和 10% 的统计水平上显著。

表 4 - 6 分离阶梯价格后的动态估计结果

变量	OLS 估计（混合样本）	简化估计（混合样本）	加总 DCC（混合样本）	加总 DCC（IV）（混合样本）
价格（对数）	-0.778 *** (0.179)	-1.078 *** (0.227)	-0.870 *** (0.056)	-1.026 *** (0.032)
阶梯价格（对数）	-0.658 *** (0.177)	-0.907 *** (0.216)	-0.890 *** (0.074)	-0.928 *** (0.013)
需求滞后项	0.156 *** (0.052)	0.148 *** (0.049)	0.206 *** (0.030)	0.196 *** (0.029)
收入（对数）	0.919 *** (0.077)	0.907 *** (0.072)	0.856 *** (0.038)	0.845 *** (0.038)
人口	0.289 *** (0.092)	0.251 *** (0.093)	0.251 *** (0.089)	0.218 *** (0.090)
家用电器	0.050 ** (0.023)	0.053 ** (0.022)	0.055 *** (0.024)	0.058 *** (0.030)
HDD18	7.07×10^{-5} *** (0.000)	6.92×10^{-5} *** (0.000)	9.04×10^{-5} *** (0.000)	8.850×10^{-5} *** (0.000)
CDD26	3.674×10^{-4} ** (0.000)	5.0×10^{-4} *** (0.000)	1.50×10^{-4} ** (0.000)	1.266×10^{-4} ** (0.000)
家庭煤气用量	2.259×10^{-4} *** (0.000)	2.37×10^{-4} *** (0.000)	2.16×10^{-4} *** (0.000)	2.26×10^{-4} *** (0.000)
家庭液化气用量	8.491×10^{-4} * (0.000)	10.176×10^{-4} ** (0.000)	8.107×10^{-4} * (0.000)	9.7×10^{-4} ** (0.000)
南北方	-0.132 *** (0.031)	-0.138 *** (0.030)	-0.147 *** (0.028)	-0.153 *** (0.028)

续表

变量	OLS 估计 （混合样本）	简化估计 （混合样本）	加总 DCC （混合样本）	加总 DCC（IV） （混合样本）
常数项	− 4. 897 *** （0. 697）	− 4. 840 *** （0. 667）	− 4. 200 *** （0. 576）	− 4. 593 *** （0. 576）
σ_μ			0. 107 *** （0. 056）	0. 117 *** （0. 076）
σ_ε			0. 059 *** （0. 060）	0. 068 *** （0. 073）

注： *** 、 ** 、 * 分别表示在 1% 、5% 和 10% 的统计水平显著。

4.3.3　弹性变化的原因解析

IBP 实施后的价格弹性较之前大，也许是由定价结构变化引起的，也许是其他因素变化间接造成的。为确定最终原因，需要将可观测的影响因素逐一排除。①前文已说明居民的反应价格也许并非是边际价格，而是平均价格。若居民对平均价格反应，平均价格升高时价格弹性也会提高。实际中，中国首档电量覆盖率已达到了89%，各地家庭平均用电量都落在第一档内，对应价格也为首档价格，这使得 IBP 下的居民用电平均价格与原统一定价下几乎并无差别①，此原因可排除。②当电费支出在收入中占比提高时，也会影响需求量，从而造成价格弹性升高。在本书样本中，2013 年，IBP 实施后各地家庭平均用电支出占收入的 2.885%，此数值不仅不高甚至还低于统一定价下的 3.162%，故电费占比原因也可以排除。③奥姆斯特勒（Olmstead，2007）认为，在用户可选择定价结构的

---

① 四川、福建在原有统一定价基础上分别增加了 0.05、0.052 元/千瓦时，云南、青海分别降低了 0.033、0.05 元/千瓦时；其余 25 个地区的首档电价仍维持阶梯电价实施之前的水平。

情况下，模型中不可观测的家庭或城市特征也可能会影响居民对不同定价结构的选择并进而影响价格弹性。但对中国来说，定价结构的使用及计费标准均由政府决定，居民本身并无选择权，故此种原因也可排除。综合以上分析，本书认为只有定价结构的不同才能解释弹性变化的原因，即使价格变化并未改变大部分居民的用电支出，但定价方式的变化使得居民在用电行为上更谨慎。

为进一步验证此结论，借鉴奥姆斯特勒（Olmstead，2007）的方法，引入价格变量（lnp）与边际价格（block）的交叉项 block * lnp，此处的边际价格为最高档（本书为第 3 档）上的价格。引入交叉项主要基于以下几点考虑：①阶梯定价与统一线性定价最主要的差异是边际价格是否有变化上，交叉项能够包含这一点；②阶梯定价中最高档价格的存在对居民用电产生了一定约束，是造成居民用电行为更谨慎的原因；③通过交叉项可以很好地刻画阶梯定价中价格弹性有多大部分是通过阶梯边际价格差异这个机制来影响价格弹性的，即通过递增阶梯定价的偏效应强度可间接证得价格结构是引起弹性变化的原因。同样也引入了需求的一阶滞后进行动态分析。如表 4-7 所示。

一方面，由表 4-7 可看出，交叉项的引入使得加总 DCC 与加总 DCC（IV）的价格弹性较原估计结果更大，交叉项统计上的十分显著表明了定价结构确实会对价格弹性有一定影响，即定价结构变化造成了弹性的不同。在进一步引入需求滞后项 $Q_{i(t-1)}$ 做进一步验证后，表 4-8 中显示需求滞后为正且统计上十分显著，交叉项同表 4-7 一样仍为负且显著，说明阶梯定价结构的存在确实造成了弹性变化。然而，这也只是初步判断，由于实际中影响因素众多，虽然前文已排除一些可观测潜在因素的影响，但严格而言，可能还存在其他一些无法排除的解释因素，如居民对不同定价结构的关注度不同而使弹性不同（Saez，2010；Chetty et al.，2011）等。

表 4 – 7　　　　　　　加入交叉项后的估计结果

变量	OLS 估计（混合样本）	简化估计（混合样本）	加总 DCC（混合样本）	加总 DCC（IV）（混合样本）
价格（对数）	-0.899*** (0.178)	-1.089*** (0.368)	-1.266*** (0.222)	-1.234*** (0.152)
交叉项 Block × lnp	-0.196*** (0.058)	-0.211*** (0.060)	-0.237*** (0.025)	-0.255*** (0.027)
收入（对数）	0.999*** (0.076)	1.000*** (0.072)	0.908*** (0.055)	0.910*** (0.033)
人口	0.265*** (0.090)	0.071*** (0.023)	0.274*** (0.079)	0.254*** (0.081)
家用电器	0.071*** (0.025)	0.053** (0.022)	0.071*** (0.029)	0.071*** (0.032)
HDD18	7.45×10^{-5}*** (0.000)	7.42×10^{-5}*** (0.000)	7.664×10^{-5}*** (0.000)	7.633×10^{-5}*** (0.000)
CDD26	4.089×10^{-4}*** (0.000)	5.057×10^{-4}*** (0.000)	9.491×10^{-4}** (0.000)	1.215×10^{-4}** (0.000)
家庭煤气用量	2.818×10^{-4}*** (0.000)	2.712×10^{-4}*** (0.000)	3.772×10^{-4}*** (0.000)	3.63×10^{-4}*** (0.000)
家庭液化气用量	11.33×10^{-4}** (0.000)	11.923×10^{-4}** (0.001)	11.824×10^{-4}* (0.000)	12.4×10^{-4}** (0.000)
南北方	-0.139*** (0.029)	-0.142*** (0.029)	-0.120*** (0.027)	-0.122*** (0.028)
常数项	-4.716*** (0.697)	-4.818*** (0.718)	-5.063*** (0.589)	-5.173*** (0.527)
σ_μ			0.109*** (0.070)	0.111*** (0.067)
σ_ε			0.068*** (0.067)	0.073*** (0.073)

注：***、**、*分别表示在1%、5%和10%的统计水平上显著；此估计只针对混合样本进行；表格中上半部分与下半部分的区别为是否加入需求滞后项。

表4－8　　　　　　　　加入交叉项后的动态估计结构

变量	OLS 估计 （混合样本）	简化估计 （混合样本）	加总 DCC （混合样本）	加总 DCC（IV） （混合样本）
价格（对数）	-0.757^{***} （0.175）	-1.175^{***} （0.259）	-1.024^{***} （0.162）	-1.127^{***} （0.029）
交叉项 Block × lnp	-0.189^{***} （0.053）	-0.222^{***} （0.055）	-0.221^{***} （0.019）	-0.211^{***} （0.007）
需求滞后项	0.157^{***} （0.051）	0.140^{***} （0.048）	0.175^{***} （0.011）	0.162^{***} （0.013）
收入（对数）	0.952^{***} （0.079）	0.962^{***} （0.074）	0.915^{***} （0.022）	0.926^{***} （0.022）
人口	0.297^{***} （0.091）	0.251^{***} （0.094）	0.318^{***} （0.093）	0.241^{***} （0.089）
家用电器	0.045^{**} （0.023）	0.048^{**} （0.021）	0.048^{***} （0.028）	0.051^{***} （0.030）
HDD18	$7.12 \times 10^{-5\,***}$ （0.000）	$7.1 \times 10^{-5\,***}$ （0.000）	$7.361 \times 10^{-5\,***}$ （0.000）	$8.182 \times 10^{-5\,***}$ （0.000）
CDD26	$3.685 \times 10^{-4\,**}$ （0.000）	$5.78 \times 10^{-4\,***}$ （0.000）	$1.491 \times 10^{-4\,***}$ （0.000）	$1.215 \times 10^{-4\,**}$ （0.000）
家庭煤气用量	$2.149 \times 10^{-4\,***}$ （0.000）	$1.998 \times 10^{-4\,***}$ （0.000）	$2.4 \times 10^{-4\,***}$ （0.000）	$1.994 \times 10^{-4\,***}$ （0.000）
家庭液化 气用量	$7.738 \times 10^{-4\,*}$ （0.000）	$9.382 \times 10^{-4\,**}$ （0.001）	$7.6 \times 10^{-4\,*}$ （0.000）	$9.5 \times 10^{-4\,*}$ （0.000）
南北方	-0.134^{***} （0.031）	-0.140^{***} （0.030）	-0.115^{***} （0.029）	-0.185^{***} （0.032）
常数项	-5.193^{***} （0.717）	-5.367^{***} （0.694）	-5.28^{***} （0.589）	-6.537^{***} （0.572）

变量	OLS 估计（混合样本）	简化估计（混合样本）	加总 DCC（混合样本）	加总 DCC（IV）（混合样本）
σ_μ			0.109 ***（0.057）	0.131 ***（0.078）
σ_ε			0.068 ***（0.065）	0.083 ***（0.071）

注：*** 、** 、* 分别表示在 1% 、5% 和 10% 的统计水平上显著。

另一方面，可以看出，所有模型估计中的各变量系数并未发生太大变化，估计结果比较稳定，这表明加总 DCC 模型有效性的同时，还说明了各变量确实对需求量产生影响。

本节首次将具有微观计量基础的 DCC 模型加以拓展，使其在不需进行复杂微观调查的情形下也能使用，因而节约了数据信息与收集成本。随后，运用加总后的模型对中国居民电力需求行为进行分析，运行效果良好，各系数及误差项的显著性证明了其有效性。得出统一定价下全国居民电力需求价格弹性为 -0.3，IBP 引入后弹性变化较大，变为 -1，介于有弹性与无弹性的分界点间。经过进一步验证，确定阶梯定价的引入使得弹性前后变化较大。通过引入交叉项进行识别，显示定价结构的变化造成了此情况，即相对统一定价，IBP 特殊的定价结构使得居民对用电量更关注，消费上也更谨慎。

4.4

小结

由于结构的特殊性与复杂性，阶梯定价下的需求行为一直是研究的焦点与热点。国外已有很多文献对阶梯定价下的需求响应进行了分析，其结论不仅有助于理解非线性定价结构下的需求响应，还对价格结构的调整与优化具有重要指导意义。但由于内生性问题与预算约束分段线性问题的存在，传统估计方法无效，需求估计变得相对困难，同时消费者行为也更难预测。诸多文献基于劳动经济学家对累进所得税率下离散/连续选择问题的研究，将考虑了特殊定价结构及与效用理论相一致的DCC模型逐渐引入阶梯定价领域。

本章基于最初应用于劳动力供给问题研究的DCC模型，在此基础上进行改进，改进后的加总DCC模型对数据要求更低，适用范围更广。将此模型应用到中国居民的电力需求估计中去，并根据其他对比结果，判定模型有效性的同时，对IBP引入后的居民行为进行了分析。本章的主要结论有以下几点。

第一，加总DCC模型的有效性。在原有DCC模型的基础上，本章进一步推导出了可适用加总数据的DCC模型。作为一个结构计量模型，DCC模型是基于微观经济学基础建立起来的，其研究对象为微观家庭或个体，故需要较为详细的微观数据。但较高的要求使得数据收集成本太大或不可获得，从而模型应用也会受阻。基于此，本章进一步放开了模型的前提条件与假设，拓展了模型应用范围，并将改进后的加总DCC模型应用到中国居民电力需求中去。结果显示，与其他对比模型相比，DCC模型估计效果良好，各系数和双误差在统计上均非常显著，从而验证了加总模型的有效性与实用性，为进一步研究奠定了基础。

第二，IBP的引入使得居民价格弹性数值变大。根据加总DCC模型和其他模型对样本估计发现，包含阶梯定价的混合样本价格弹性要比仅包含统一定价的样本大，通过分离阶梯定价价格变量后，其系数显著性进一步证明了此结论。进一步地，为了消除前期消费影响，本书又引入需求一阶滞后重新按原步骤进行动态分析。结果显示，虽然需求滞后项的引入使得弹性总体上较之前数值变小，但并不妨碍得出IBP居民用电弹性变大的结论，即居民用电需求在IBP引入后变得更敏感、谨慎。

第三，定价结构变化是造成弹性变大的原因。IBP的引入造成了价格弹性的变化，为进一步探究是由本身定价结构引起，还是其他因 IBP 发生变化的因素所间接造成的，本章在排除了一些可观察的潜在因素基础上，进一步引入了交叉项价格变量和边际价格两者的交叉项，代表 IBP 的引入使得居民定价结构发生的变化，以验证定价结构本身的变化是否是弹性变化的原因，且同样引入需求滞后进一步作动态分析。结果显示，定价结构确实是弹性变化的原因，IBP 本身会影响居民电力需求。

由此，居民用电领域实施 IBP 政策确实取得了一定效果，有效提高了居民对自身用电行为关注的同时，还促使居民节约、合理用电。本章结论对于要全面实施的阶梯水价、阶梯气价，以及其他领域中的阶梯定价制定，具有一定的借鉴意义。

第5章

阶梯电价下的福利评估：
再分配效应与效率损失

根据公共经济学中著名的 Atkinson–Stiglitz 定理，效率与收入分配往往难兼顾。对经济效率的追求往往会忽略公平、公正，进而导致社会再分配失效和贫富差距增大，而对公平与社会收入再分配的追求必然会破坏积极性，从而降低了效率，故二者之间的关系难以平衡。特别是在中国改革开放后，一味追求经济增长与效率的提高，导致基尼系数增加，贫富差距越来越大，如何调整收入分配与经济增长的关系，成为政府、百姓和学界关注的重点与难点。在公共产品和稀缺性的资源、能源中，涉及各利益相关者之间的博弈，不同利益目标交织在一起，既要保证经济效率和成本补偿，又要保证公平公正、收入再分配和节约资源等社会性目标，且近年来社会性目标逐渐得到更多关注和重视。

理论上，IBP 能兼顾经济性与社会性目标。国外有许多文献针对地区的居民用电样本，从福利比较角度出发，分析阶梯电价下消费者行为变化带来的福利差异和再分配效应，并计算了效率成本损失。而国内对此相关研究还比较少。基于此，本章将根据国内代表性城市——杭州的部分居民用电家庭数据，通过借鉴国外理论框架和研究视角，从消费者福利变化视角测算递增阶梯电价的收入再分配效应和效率损失，并在此基础上分析阶梯定价中嵌入分时定价的特殊定价政策对再分配效应及成本的影响。

5.1

阶梯电价下的福利

国内在居民阶梯电价实施效果评估方面的研究已有了一些成果。吴建宏等（2012）基于定量与定性相结合原则，从供电侧、用户和社会三方面构建了阶梯电价实施效果综合评价体系。冯永晟（2014）在对峰谷和阶梯定价相结合的政策分析后，认为其实际政策效果有限的同时，潜在政策空间同样有限，阶梯定价客观上有利于扭转电价长期偏低局面和解决补贴问题，但峰谷定价会对阶梯定价的政策效果产生一定抵消作用，提出要警惕以电价改革延缓电力市场化改革的风险。张昕竹和刘自敏（2015）对国内杭州、上海居民的用电数据研究后发现，引入阶梯电价确实增加了用户价格弹性，并且中、低收入人群的价格弹性更大，中、高收入人群的收入弹性更高。除此之外，刘自敏等（2015a）估计了阶梯定价为实现收入再分配目标而导致的效率损失成本，认为阶梯定价收入再分配的功效不是很大，阶梯分档的不合理将严重影响收入再分配效应和效率成本，对分时定价进一步研究发现，峰谷分时定价不利于收入分配效应，谷时中等收入家庭的电费支出高于高收入家庭，导致中等收入家庭谷时福利损失比高收入家庭多。刘自敏等（2015b）还对分时阶梯定价与纯分时定价下的居民电力需求行为进行比较，发现两类定价下居民的价格与需求弹性显著不同，可实现的政策目标也存在明显差异。进一步地，刘自敏等（2015c）还探讨了在实行阶梯的同时，分时电价的嵌入能否改善收入再分配带来的效率损失情况，结果显示分时电价有利于中、低收入家庭实现再分配，但谷时电价并未让高收入家庭承受更多电费负担，故应谨慎使用分时电价。

价格变化所导致的再分配效应及需求和账单的变化也是诸多文献研究的内容（Maddock & Castano，1991；Whittington，1992；Pashardes & Hajispyrou，2002；Rietveld et al. , 2000；Ruijs，2009；Olmstead，2009；Borenstein，2011、2012；Carter et al. , 2012）。伯伦斯坦（Borenstein，2012）对加利福尼亚居民研究发现，IBP 对低收入人群的补贴大部分来源于对高收入人群征收的高电价，但效果较小，且福利转移的过程会产生较大损失。惠廷顿（Whittington，1992）认为在人口较多的地区，当满足基本需求后定价结构可设置的更陡峭能更易实现目标。帕夏德斯和哈吉史皮尔洛（Pashardes & Hajispyrou，2002）在考虑了家庭规模和人口年龄结构的基础上，对统一与阶梯定价两种结构下的用电账单变化进行了分析。鲁伊杰斯（Ruijs，2009）发现 IBP 虽然会导致总体平均福利下降，但却提高了低收入者个人福利，且 IBP 的引入会相应增加厂商收益。综上所述，相关文献一般是在保持厂商利润或某一人群福利不变的情况下，根据不同弹性，对价格变化引起的支出变化及再分配效应进行分析，以期观察 IBP 是否起到了"劫富济贫"作用。大多数研究结论显示，总福利与收入分配之间存在一个平衡，即相对统一定价而言，IBP 虽然导致社会总体福利偏低，但低收入人群却呈现出支出减少、福利增加现象，故此种定价机制在不同人群之间起到了收入再分配作用。不仅如此，IBP 也使厂商收益得到提高，并促使其有动力提升自身生产效率。

虽然诸多研究结果肯定了 IBP 多目标作用，但由于消费者异质性，定价结构的不同直接导致了最终更具体的实施效果需要根据所选样本进行实际测算。接下来，本书将对杭州市居民在阶梯定价及组合定价（峰谷分时加阶梯定价）下的福利变化进行相应评估。

5.2

福利评估模型构建

对阶梯电价再分配效应和效率损失的研究，需要选择合适的参照点。多数文献选择以统一定价作为标准。杭州市的定价制度是由统一定价到阶梯定价，故本章研究也将选择统一定价作为参照点，以观察在统一与阶梯之间转换所带来的效应与效率变化。

为简化模型，本章假设阶梯电价结构为两级（p_1，p_2；q_1），其定价结构为：

$$P = \begin{cases} P_1 & q \leqslant q_1 \\ P_2 & q > q_1 \end{cases}, \ p_2 > p_1 \qquad (5.1)$$

其中，$q_1 \geqslant 0$，$P_1 \geqslant c$，c 为企业的边际成本，此处为 0。同时为方便分析，假定企业和消费者均为风险中性。在利润中性条件下，由统一定价转换为两级阶梯定价时，企业利润和剩余均不变。这与公共事业部门普遍受到利润及利润规制的现象相符（Hauseman，1981；Schmalensee，1989；Wilson，1993），此时的社会福利（Social Welfare，SW）变化体现在消费者福利（即消费者剩余，Consumer Surplus，CS）变化上，即 $\Delta SW = \Delta CS$，这有利于我们集中分析定价转换后的分配效应与效率成本（Boland & Whittington，2000；Borenstein，2012）。当定价制度变化时，消费量 Q 可分为不变与变化两种，即价格弹性 $e = 0$ 时 Q 不变，价格弹性 $e \neq 0$ 时，定价变化会导致 Q 变化。接下来，将依据价格弹性来分别讨论 IBP 下社会福利变化情况。

5.2.1　弹性不变时的福利分析

当两级阶梯定价下价格弹性为零时，消费者由统一定价向阶梯定价转换时的消费量 Q 保持不变。此时，生产者剩余和利润不变意味着总收益也不变，即有：

$$P_U Q = p_1 q_1 + p_2 (Q - q_1) \qquad (5.2)$$

进而得出与两级阶梯定价机制（p_1，p_2；q_1）等价的统一定价机制的价格水平为：

$$P_U = p_2 - \frac{(P_2 - P_1) q_1}{Q} \qquad (5.3)$$

显然，当 $q_1 = 0$ 时，统一定价水平恰好与两级阶梯定价第二档内的边际价格相等；当 $q_1 \rightarrow +\infty$ 时，统一定价水平恰好与两级阶梯定价中第一档的边际价格相等，当然此时的两级阶梯定价已经退化为十足的统一定价。在需求价格弹性为零情况下，由统一定价过渡为阶梯定价所致的社会福利变化 ΔSW 可在图 5-1 中观察。

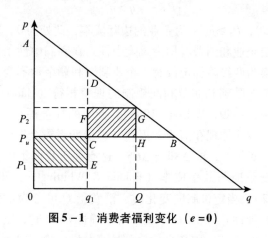

图 5-1　消费者福利变化（$e = 0$）

如图 5-1 所示，当该消费者面临统一定价时，消费者剩余为 AP_uHG；当其改为面临两级阶梯定价的情况下，消费最初 q_1 量时的剩余为 AP_1ED，而消费其余 $Q - q_1 > 0$ 所带来的消费者剩余为 DFG。即在两级阶梯定价结构下，消费者剩余总和为 $AP_1ED + DFG$。因此，由统一定价转向两级阶梯定价所致的社会福利变化 $\Delta SW = \Delta CS = AP_1ED + DFG - AP_UHG = P_UP_1EC - HCFG$。根据等量关系式 $S_{P_UP_1EC} = (P_U - P_1)q_1$，$S_{HCFG} = (P_2 - P_U)(Q - q_1)$ 以及式（5.1），即可得到：

$$S_{P_UP_1EC} = S_{HCFG} \qquad (5.4)$$

式（5.4）说明，在价格弹性为零的情况下，由统一定价转向两级阶梯定价并不会导致社会福利损失。

5.2.2　弹性变化时的福利分析

类似地，可分析两级阶梯定价下价格弹性 $e<0$ 的更现实情形，如图 5 - 2 所示。

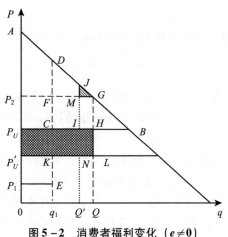

图 5 - 2　消费者福利变化（$e\neq0$）

此时如果消费者所面临的价格机制由统一定价转换为两级阶梯定价，该消费者的电力消费量将由原来的 Q 减至 $Q'<Q$。与上述情形分析类似，由生产者总收益不变，即 $P'_U Q = p_1 q_1 + p_2 (Q' - q_1)$，得到与两级阶梯定价机制（$p_1$，$p_2$；$q_1$）等价的统一定价机制的价格水平为：

$$P'_U = \frac{P_2 Q - (P_2 - P_1) q_1}{Q} \tag{5.5}$$

在两级阶梯定价中，弹性为负的情形下，定价机制变换所致的社会福利变化如图 5 - 2 所示。如果消费者在统一价格水平 P'_U 下保持消费 Q 不变，此时消费者剩余为 $AP'_U LG$。当其改为面临两级阶梯定价时，消费最初的 q_1 量时的剩余仍为 $AP_1 ED$，消费其余 $Q' - q_1 >0$ 所带来的消费者剩余为 $DFMJ$，即两级阶梯定价下消费者剩余总和为 $AP_1ED + DFMJ$。注意此时仍保持生产者剩余不变，即生产者剩余变化为零。因此，由统一定价转向阶梯定价所致的福利变化等式为：

$$\Delta SW = \Delta CS = P_U'P_1EK - KFMN - NJGL =$$
$$(P_UP_1EC - P_UP_U'KC) - (KFGL + GMJ) \tag{5.6}$$

结合式（5.4），可直接得：

$$\Delta SW = \Delta CS = -(P_UP_U'LH + GMJ) = -\left[(P_U - P_U')Q + \int_{Q'}^{Q}(P(q) - P_2)dq\right] \tag{5.7}$$

其中 $P(q)$ 为消费者的反需求曲线。式（5.7）刻画了在价格弹性为负的一般情况下，定价方式由统一定价转移为阶梯定价所致的无谓效率损失，即为追求再分配效应不得不付出的效率成本。这同时也表现了递增阶梯定价下再分配效应和效率成本的两难困境。

具体来看，效率成本来自两部分（Burtless & Hausman，1978；Borenstein，2012）：（1）第一部分是在给定总电量情况下，消费者内部自身资源的误配，这源于消费者在两级阶梯定价下面对的是异质性价格，而非统一定价下不变的边际价格，在价格转换过程中因不同档次上的价格异质性带来的福利损失，这同时也实现了收入在不同收入家庭间的再分配作用。它反映了追求再分配效应所付出的效率成本。如图5-2中的阴影 $P_UP_U'LH$ 所示，亦称为第一类效率成本（当在多级阶梯定价下，即 $n \geq 3$ 时，此时的第一类效率成本是位于 P_U 之下的多个长方形面积与位于 P_U' 之上的多个长方形面积之差）；（2）另一部分是电量消费总量的无效率，即消费者并不是在阶梯定价中边际价格等于边际成本处选择最优消费量，这是由于计量误差和用户消费选择偏离最优行为所产生的误差导致的效率损失，如图5-2中的三角形阴影 JMG 所示，被称为第二类效率成本，其由认知误差和偏离最优决策点导致的。上一章 DCC 模型中的双误差项，正是对这两类误差的刻画（Hausman，1985；Hanemann，

1995；Waldman，2000，2005）。

较之于统一定价，在阶梯定价机制下，消费者在不同阶梯内消费同样数量的电量所支付的价格存在差异。递增阶梯定价下消费越多，所需支付的单价越高，而不同收入家庭的电力消费可能存在差异，如低收入家庭电力消费较少，或低收入家庭由于人口较多反而消费数量更多（Boland & Whittington，2000；Whittington，2003）。因此，通过对同样单位的资源在不同消费阶段制定累进价格，政府可以进行初次分配后的收入再调整，使得高消费量家庭消费一单位资源付出更高（平均或边际）价格，而低消费量家庭在消费同样一单位资源时付出较低价格，进而调整收入差距，对全社会的公平收入产生影响。当电力定价形式由统一定价转换为阶梯定价时，不同收入家庭阶梯定价与统一定价下各自的电费支出额之差即为收入再分配效应数值。一个公平、有效的阶梯定价再分配效应表现为，当由统一定价转向阶梯定价后，电费支出的增加额（或减少额）随着收入的增加而增加（或减少），或低（或中低）等收入家庭的电费支出减少的同时，高（或中高）收入家庭的电费支出增加。

式（5.7）及图 5-1、5-2 表明，相对于统一电价而言，递增阶梯电价能促进收入再分配，但也损失了统一定价的效率目标（Hausman，1981；Borenstein，2012），公平和效率难以兼顾（Atkinson & Stiglitz，1976）。式（5.7）中的两部分社会福利损失值，也即阶梯定价政策通过影响价格和电量变化带来的效率成本损失。由统一定价转换为阶梯定价时，在生产者剩余保持不变情形下，福利损失即效率成本体现为消费者福利变化。因此，此时总效率成本体现为不同类型收入的家庭再分配效应总和，不同收入家庭通过承担不同份额的效率成本来体现阶梯定价对各自初次分配调整的影响，即收入再分配效应。当然，在递增阶梯定价下，低（甚至中等）收入家庭也可能获取福利得益，而让中、高收入家庭承担更高效率成本。也就是说，效率成本关注的是阶梯定价对社会中所有收入家庭带来的福利总损失，而收入再分配效应关注的是福利总损失在不同收入家庭间的分配。

基于本章理论框架，后文重点依据杭州市的抽样调查数据进行实证分析，对再分配效应及其效率成本进行估算。

5.3

再分配与效率成本估计

本章将应用第二部分所构建的理论模型，对不同收入家庭的再分配效应及阶梯定价的效率成本进行估计。具体而言，通过构建由统一定价向阶梯定价转换的场景，基于理论模型分析中得出的式（5.7），计算出由统一定价转换到阶梯定价后效率成本的数值，并按照式（5.7）的结构将总效率成本分解为第一类与第二类效率成本。同时，根据统一定价与阶梯定价两种场景下不同收入家庭的电费支出变化，分析得出阶梯定价对不同收入家庭再分配效应的数值。

5.3.1 数据说明

为估算阶梯定价下收入再分配效应所致的效率损失成本，后续部分将基于理论模型构建实证估计方程进行分析，本部分首先对将要用到的微观数据作简要说明。本书使用的数据来源于国家电网以及当地抽样调查数据，样本期从 2009 年 1 月~2011 年 12 月，共计 36 个月。在样本期内，作为阶梯电价试点地区，杭州已经实施三级阶梯电价，同时还嵌套实行了峰谷分时电价。虽然杭州实行的是分时阶梯，而非纯阶梯定价，但在每一个分时内部，为纯阶梯定价，在不考虑分时定价峰谷替代效应的基础上，研究结论对完全的纯阶梯定价仍然成立。杭州电价结构如表 5－1 所示：

表 5 - 1　　　　　　　　　　杭州分时三级阶梯电价结构

分档数	电量（千瓦时）	峰时电价 （8：00 ~ 22：00）（元）	谷时电价（22：00 ~ 次日 8：00）（元）
1	0 ~ 50	0. 568	0. 288
2	51 ~ 200	0. 598	0. 318
3	201 ~	0. 668	0. 388

资料来源：作者根据杭州市电价文件整理。

　　本章数据来自国家电网与杭州市的联合抽样调查数据。首先通过国家电网数据库随机选择 250 户杭州市用电家庭，然后通过邮寄调查问卷方式对居民收入状况、家庭特征、家用电器设备等进行调查，再通过对问卷调查所得的家庭信息与国家电网数据库中的用电量及电费数据进行匹配。问卷共计回收 132 份，主要使用电量、电费及收入数据，去除收入数据缺失的家庭样本，得到有效家庭数为 119 户，本研究中的家庭收入信息为一次调查完成，而用电信息为 2009 ~ 2011 年共计 3 年的分月数据。因此，再去除电网数据库中丢失的 12 个电量数据，我们将匹配的每月家庭电量及家庭收入特征作为一个样本，共计得到 4262 个有效样本。

　　需要说明的是，虽然总体样本较大，但用户数相对较少，不过却是国内目前最为完整的数据，且与国外同类研究相比，达到了相类似样本量（Hausman et al.，1979；Pashardes et al.，2002；Olmstead et al.，2007；You，2013）。调查问卷将杭州市居民的家庭月度收入归为三档，样本的电量及收入信息基本统计描述如表 5 - 2 所示。

　　对于每一收入类型的家庭用电基本情况如表 5 - 3 所示：

表 5 - 2 　　　　　　　　　电量及收入信息基本统计描述

	变量名	平均值	标准差	最小值	最大值
电量 （千瓦时）	峰时用电量	116.912	76.573	2.448	643.098
	谷时用电量	103.238	70.469	0.365	701.176
	总用电量	220.150	130.499	9.436	1258.078
收入 （万元）	收入 < 0.8	0.537	0.499	0	1
	收入 0.8 ~ 1.5	0.370	0.483	0	1
	收入 > 1.5	0.093	0.290	0	1

资料来源：作者根据国家电网和杭州市的抽样调查数据自行整理。

表 5 - 3 　　　　　　　　杭州市分收入居民用电总体特征

收入区间 （万元）	用户数 占比（%）	用电量 占比（%）	峰时用电量 （千瓦时）	谷时用电量 （千瓦时）	总电量 （千瓦时）	电费（元）
< 0.8	53.70	50.70	109.366	98.355	207.721	94.69
0.8 ~ 1.5	37.00	38.69	120.865	109.506	230.371	105.48
> 1.5	9.30	10.61	144.816	106.535	251.351	119.29

资料来源：作者根据国家电网和杭州市的抽样调查数据自行整理。

从表 5 - 3 中可以看出，用户数占比与用电量占比之间差异为
1.31% ~ 3%，不同收入人群之间用电量差异明显。随着收入增加，
用电总量逐渐增加，但高收入人群谷时用电量小于中等收入人群。
在阶梯定价下，用电更高的高收入人群承担了更多电力成本，电费
随着用电量的上升呈加速上升趋势。总体上，可初步判断阶梯定价
起到了调节收入、促进公平的作用。

5.3.2　效率成本的静态分析

本部分将对效率成本进行静态估计，得出 2009 ~ 2011 年 3 年

间平均效率成本及其结构特征。通过计算出 3 年间的平均效率成本、分解出的两类效率成本的数值，以及高、中、低三类收入家庭3 年间平均的收入再分配效应值，以分析阶梯定价收入再分配效应的绝对强度大小，以及不同收入家庭的福利得益或损失值。并在此基础上估计出整个杭州市社会总效率成本，以及总效率成本占总电费额及杭州市 GDP 的比例，从而估计效率成本与收入再分配效应的相对强度大小。

（一）反事实场景构建

浙江省自 2004 年开始进行阶梯定价试点，基于前面所构建的理论模型，若比较统一定价方式转换为阶梯定价方式时社会福利的变化，就需要构建浙江省实施统一定价的反事实场景。

在保持电力公司电费总收入不变的条件下，需要根据电力需求弹性测算出统一定价机制的价格水平。此处仍然区分峰时与谷时的分时定价（在不区分峰谷的条件下，电力公司总收入不变的统一定价价格也可以用类似方法求得）对于能源价格长期需求价格弹性的计算，由于采用方法与数据的差异，不同学者计算结果不同。齐等（Qi et al. , 2008）计算出中国居民用电需求价格弹性 e 为 -0.16，而李虹等（2011）认为城镇居民会综合考虑电费与舒适度，具有一定弹性，将 -0.36 作为城镇居民生活用电需求价格弹性基准值。

考虑到样本选取杭州市城市居民，根据李虹等（2011）的研究，城市不同收入层次的家庭电力需求弹性存在差异，即不同阶层带来的消费习惯会影响需求价格弹性，城镇居民生活用电需求价格弹性在 -0.01 ~ -0.36 之间。总体来说，收入增加，弹性会增加，但当收入较高时，又会对价格变化不太敏感，中等收入价格弹性最大。李虹等（2011）将中国城镇居民收入分为 7 档，分别设定不同的需求弹性，根据《杭州市统计年鉴 2012》，2011 年杭州市区城镇居民家庭中 20% 最高收入户的家庭总收入为 77257.4 元，因此，我们将调查中的 3 档家庭与 7 档家庭收入分组对应，取得不同收入人群的弹性。

表 5 - 4　　　　　　不同收入类型家庭需求弹性表

城镇家庭收入分组	困难	低收入	较低收入	中等收入	较高收入	高收入	最高收入
需求弹性	0.06	0.16	0.26	0.36	0.31	0.26	0.21
收入区间（万元）	0 ~ 0.8			0.8 ~ 1.5		>1.5	
需求弹性	0.16			0.335		0.235	

资料来源：作者自行整理。

因此，我们取所有人群的需求弹性 $e = 0$ 作为基准分析，并将所有人群分为弹性相同和弹性不同两种情况。当所有人群弹性均相同时，我们设定弹性依次为 $e = 0.1$、$e = 0.16$、$e = 0.26$、$e = 0.36$ 这4种场景，当不同人群具有不同弹性时，我们将收入由低到高的三种人群的弹性分别定为 0.16、0.335、0.235。由式（5.5），可求出统一定价下的电力价格，在此基础上分析在不同价格弹性下的居民福利变化，即阶梯定价收入再分配效应。同时，也将分析所有人群由统一定价转向阶梯定价后的社会福利损失，即收入再分配效应的社会总效率成本。

需要说明的是，与大多数研究类似，假设消费者对其所处阶梯定价中的最后（最高）阶梯的边际价格反应（Borenstein，2012；You，2013）。在复杂定价下，消费者对何种价格反应，是阶梯定价下的研究难点和热点。Taylor（1975）指出消费者在非线性定价下不会只对单一价格（无论是平均的还是边际的）做出响应，消费者究竟是对最高阶梯的边际价格反应，还是对临近阶梯的加权边际价格反应，还是对平均价格反应，伯伦斯坦（2009）和伊藤（Ito，2012）做出了不同的回答。但无论如何，消费者面对的最高阶梯边际价格对消费者的决策有极其重要的影响。表 5 - 3 描述性分析的数据也表明，三类人群的峰谷电力消费大部分均处于阶梯价格第二档，这也降低了不同类型价格反应间的差异。

（二）家庭效率成本估计

利用构建的反事实场景，计算出在不同价格弹性下不同收入人群的福利变化，以及所有人群的总福利损失，即收入再分配的效率成本。根据式（5.7），将效率成本分解为两类：电量一定下异质性误差带来的效率成本，即第一类效率成本；电量消费选择偏离最优量导致的效率成本，即第二类效率成本，结果如表 5 - 5 所示。

表 5 - 5　　　　　　阶梯电价下收入再分配效率成本值

收入类别（万元）	用户数比例（%）	$e = 0$	$e = 0.1$	$e = 0.16$	$e = 0.26$	$e = 0.36$	$e = 0.16/$ $0.335/$ 0.235
<0.8	53.7	0.309	0.134	0.030	-0.143	-0.316	0.030
0.8~1.5	37.0	-0.246	-0.440	-0.556	-0.748	-0.939	-0.892
>1.5	9.3	-0.808	-1.015	-1.139	-1.345	-1.551	-1.294
总效率成本		0.000	0.185	0.295	0.479	0.661	0.434
第一类效率成本（%）		/	0.085	0.136	0.220	0.304	0.123
第二类效率成本（%）		/	0.100	0.160	0.259	0.358	0.311

可以看到，在不同弹性下，不同类型用户的家庭福利变化不一致。当弹性较小时，低收入人群的电费支出可能下降，家庭福利好转，而中、高收入人群的电费支出上升，家庭福利损失，阶梯定价方式对不同收入人群的影响产生了不同效果；随着弹性增大，不同收入人群的电费支出均可能上升，阶梯定价带来的效率损失在所有人群中都体现，但其幅度不一，低收入人群的福利损失下降最小，而高收入人群福利损失下降最多；且在不同收入人群具有不同弹性

的假设（$e=0.16/0.335/0.235$）下，低收入人群的福利好转，中、高等收入人群的福利下降，阶梯定价起到明的收入再分配效应；同时，随着价格弹性的增大，社会总收益效率损失越多，福利损失总量就越大，资源配置的效率成本在不同人群间进行了再分配。

在收入再分配的效率值基础上，用不同人群的福利变化占其总电费支出比表示福利变化比例。不同弹性假设下各类人群的福利变化比例及两类效率成本占总效率成本的比例，如表5-6所示。

表5-6　　　　阶梯电价下收入再分配效率成本占总电费比例

收入类别（万元）	用户数比例（%）	$e=0$	$e=0.1$	$e=0.16$	$e=0.26$	$e=0.36$	$e=0.16/0.335/0.235$
<0.8	53.7	0.33	0.14	0.03	-0.15	-0.33	0.03
0.8~1.5	37.0	-0.23	-0.42	-0.53	-0.71	-0.89	-0.85
>1.5	9.3	-0.68	-0.85	-0.96	-1.13	-1.30	-1.08
第一类效率成本（%）	/				45.12		
第二类效率成本（%）	/				54.88		

表5-6显示，无论在何种弹性下，低收入人群的福利提升或高收入人群的福利损失占家庭电费的比值均较低，在0%~1.3%之间。这是由现行居民电价远低于供电成本，电费支出占居民总收入的比例有限，加之居民长期享受电力补贴，大多数居民对电费变化并不敏感造成的。但随着收入上升，阶梯定价的福利影响逐渐变大，这也符合阶梯定价的制定原则，即通过调节更多高收入人群的电费支出来调节福利变化。同时，随着弹性变大，福利损失所占比例也逐渐上升，较强的弹性加大了调节收入再分配的作用。两类效率成本所占的比例差异不大，第二类效率成本所占比例稍高，即消费者在复杂定价下对最优电量的选择存在更大误差，同时也会导致

更大福利损失。

（三）社会总效率成本的估计

根据《杭州市统计年鉴》，2009～2011 年，杭州市家庭总户数平均为 216.68 万户，在表 5-5 的基础上，计算出杭州市实施阶梯定价后的总福利损失，即总效率成本。

表 5-7　　　　杭州市阶梯电价的总效率成本

收入类别 （万元）	用户数占比 （%）	$e=0$	$e=-0.1$	$e=-0.16$	$e=-0.26$	$e=-0.36$	$e=0.16/$ 0.335 $/0.235$
<0.8	53.7	35.954	15.650	3.500	-16.674	-36.754	3.500
0.8～1.5	37.0	-19.724	-35.250	-44.540	-59.966	-75.320	-71.488
>1.5	9.3	-16.277	-20.456	-22.958	-27.113	-31.249	-26.076
月社会总效率成本（万元）	0	40.056	63.998	103.752	143.323	94.064
总损失与低收入者福利得益比	/	2.560	18.284			26.873
占总电费比例（%）	0	0.18	0.29	0.47	0.66	0.43
低收入福利损失占比（%）	/	-39.07	-5.47	16.07	25.64	-3.72
中等收入福利损失占比（%）	/	88.00	69.60	57.80	52.55	76.00
高收入福利损失占比（%）	/	51.07	35.87	26.13	21.80	27.72

注：对于单个或同类消费者，阶梯定价可能带来福利改善，即效率成本为负值，在含义上福利损失与效率成本一致，对于社会总福利损失我们使用效率成本来描述，这更能明确社会总福利损失是由阶梯定价追求再分配功能导致效率下降而带来的。

表 5-7 显示，在价格弹性不等于 0 的情况下，杭州市每月总效率成本在 40 万～140 万元之间，在不同收入人群弹性差异估计的基础上，福利损失接近 100 万元，每年接近 1200 万元，占总电费的比例在 0.18%～0.66% 之间。低收入人群在弹性较低时存在收入转移的福利得益，但这是以其他人群大量的福利损失为代价的。表

5-7显示，随着弹性增加，社会总福利损失与低收入人群的福利得益比迅速扩大，即收入转移的成本快速增长。

不同收入人群的福利损失占比差异巨大。总体上，中高收入人群的福利损失占比超过其占总人口的比例，而随着弹性增加，低收入人群由福利得益转为福利损失且损失比例加大，这与低收入人群本身价格弹性较低且大部分是刚性需求的现实一致。

更进一步地，我们将分析分时定价与阶梯定价镶嵌情形下的社会总效率成本。分时定价下的峰谷之间会存在电量转移，但由于峰时价格相对较高，故其电量消费的可转移性下降，使得峰时价格弹性减弱，而谷时价格弹性增强。结合不同收入类型的分类和表5-4，估算出峰时低、中、高收入人群的价格弹性为0.06/0.31/0.21，谷时低、中、高收入人群的价格弹性为0.16/0.36/0.26时的社会总效率成本值，如表5-8、表5-9所示。

表5-8　　　　　峰谷时段不同弹性下的户均福利损失估计

收入区间（万元）	峰时福利损失（元）	谷时福利损失（元）	总福利损失（元）
<0.8	0.121	-0.015	0.106
0.8~1.5	-0.328	-0.570	-0.897
>1.5	-0.913	-0.382	-1.295
月平均福利损失（元）	-0.373	-0.322	-0.695
低收入福利损失占比（%）	-10.84	1.55	-5.10
中等收入福利损失占比（%）	29.27	58.96	43.02
高收入福利损失占比（%）	81.57	39.49	62.08

表5-8显示，峰时阶梯定价使得低收入人群获得了福利提升，而谷时阶梯定价并未带给低收入人群福利的改善，总时段内低收入人群的福利得以提升。而在峰时内，与收入再分配的公平原则一

致，高收入人群的福利损失最大，中等收入人群其次；但在谷时内，由于高收入人群的谷时电量消费减少，中等收入人群的人均福利损失最大，接近超过高收入人群 30%。总体上，三类收入人群的福利损失占比与其收入较为一致，低收入人群福利提升，中等收入人群的福利损失没有高收入人群的损失大。杭州市低收入家庭每年的福利得益为 1.28 元，中等及高收入家庭每年的福利损失分别是10.77 元、15.54 元。

表 5-9　　　　　　峰谷时段不同弹性下的社会总效率成本估计

收入区间（万元）	用户占比（%）	峰时福利损失（元）	谷时福利损失（元）	总福利损失（元）
<0.8	53.70	14.128	-1.740	12.389
0.8~1.5	37.00	-26.282	-45.672	-71.955
>1.5	9.30	-18.408	-7.689	-26.097
月总社会效率成本（万元）		-30.563	-55.101	-85.664
占总电费比例（%）		0.14	0.25	0.20
低收入福利损失占比（%）		-46.23	3.16	-14.46
中等收入福利损失占比（%）		85.99	82.89	84.00
高收入福利损失占比（%）		60.23	13.95	30.46
第一类效率成本百分比（%）		41.13	47.48	45.22
第二类效率成本百分比（%）		58.87	52.52	54.78

由表 5-9 可以看到，由于中等收入人群数量较高收入人群多，因此无论在峰时还是谷时，杭州市中等收入人群的总福利损失比例及金额均最多。峰时与谷时相比，由于谷时总体弹性较大，谷时总福利损失额更大，且占电费的比例也较大。但总体上，福利损失占总电费的比例维持在 0.2% 左右的较低水平。另外，在两个时段内，均是第一类效率成本的比例小于第二类，但峰时的第一类效率成本

占比更小，消费者在峰时电量一定情况下的内部资源配置更好，但对总电费最优消费额的误差导致的损失比例更大。另外，虽然单个家庭的年效率成本额并不大，但杭州市所有家庭一年的总效率成本达到1027.96万元[①]，占杭州市 GDP 的 0.002%[②]。

5.3.3 效率成本的动态分析

随着阶梯定价方案实施的深入，消费者对阶梯定价这一复杂非线性定价方式的认识将可能发生变化，由此在不同年份呈现出不同的电力消费特征，导致收入再分配效应与效率成本在不同年份间存在差异，并可能呈现出一定变化趋势。

本部分将对效率成本进行动态估计，得出 2009～2011 年 3 年间分年的效率成本及结构特征。通过计算出分年动态变化的效率成本数值，以及高、中、低三类收入家庭分年的收入再分配效应值，来分析阶梯定价逐步实施过程中家庭与社会效率成本、不同收入家庭再分配效应的变化趋势，以更好的评估阶梯定价政策实施效果，并对阶梯定价政策进行修正。同时，针对中国特殊的阶梯定价实践，分析阶梯定价中嵌入分时定价对效率成本的动态影响，以确定此种组合形式能否更好实现阶梯定价的政策目标。

（一）效率成本的动态变化

利用杭州市 2009～2011 年的年度数据，分析随着阶梯电价实施和消费者认识和理解的逐步加深，阶梯定价收入再分配效应以及不同收入类型家庭的福利变化情况。2009～2011 年效率成本的变化如表 5－10 所示。

---

① 我们计算的社会福利损失是杭州市所有家庭福利损失的简单线性加总，我们也可以使用阿特金森测量（Atkinson measure）来对个体福利加总到社会福利，详见第二章。

② 这是我们仅考虑电力消费所占的比例，如果考虑水、气、供热、垃圾、公交等其他可能实施阶梯定价的公共事业福利效应，占比会持续上升。

表 5 - 10　　　　　　杭州市家庭效率成本分年动态变化

	福利损失	2009 年	2010 年	2011 年
人均	<0.8	-0.068	-0.009	0.185
	0.8~1.5	-0.934	-0.932	-0.711
	>1.5	-1.186	-0.666	-1.952
	月均福利损失（元）	-0.730	-0.536	-0.826
	低收入福利损失占比（%）	3.13	0.56	-7.47
	中等收入福利损失占比（%）	42.69	58.01	28.69
	高收入福利损失占比（%）	54.18	41.42	78.78
总计	<0.8	-7.924	-1.052	21.663
	0.8~1.5	-74.187	-74.633	-57.519
	>1.5	-23.892	-13.318	-39.490
	月总福利损失（万元）	-106.003	-89.004	-75.346
	占总电费比例（%）	0.53	0.40	0.32
	低收入福利损失占比（%）	7.48	1.18	-28.75
	中等收入福利损失占比（%）	69.99	83.85	76.34
	高收入福利损失占比（%）	22.54	14.96	52.41
	第一类效率成本百分比（%）	48.77	44.65	42.49
	第二类效率成本百分比（%）	51.23	55.35	57.51

注：为节省篇幅，仅在表中列出表 5 - 4 中构建的三类人群价格弹性分别为 $e = 0.16/0.335/0.235$ 场景下的效率成本。

由表 5 - 10 可得，随着用电量上升，由统一定价转为阶梯定价后，低收入人群逐渐由较小的福利损失转变为福利提升，高收入人群的福利损失更大，且在总福利损失中所占比例上升，而中等收入人群的福利损失变化不大，也即随着阶梯定价的深入实施和消费者对复杂定价的理解，阶梯定价的收入再分配效应得到加强。

同时，随着阶梯定价政策的深入实施和用电量的增加，在杭州市家庭总量有所上升条件下，社会福利损失总量由 2009 年的 1272 万元下降到 2011 年的 904 万元，占总电费的比例也在下降，这说明随着阶梯定价实施的深入，消费者对于阶梯定价的认知越来越正确，决策得到进一步优化。同时，社会总成本效率值也逐渐由低收入人群和中等收入人群向高收入人群转移，高收入人群承担了更多效率成本。阶梯定价政策的再分配效应在总量和结构上都得到了优化。

从福利损失占比看，第一类福利损失的比例在下降，第二类福利损失的比例在上升，说明消费者资源内部配置上得到优化，而在复杂定价下的消费总量优化能力需要进一步提升，总体上第二类福利损失的比例大于第一类福利损失。

根据 2012 年《中国能源统计年鉴》与《中国物价年鉴》，我国居民电力长期边际成本为 1.03 元/千瓦时，而全国城镇居民生活用电平均价格为 0.52 元/千瓦时，边际成本大大高于电价，电价补贴较多，因此，中高收入人群对电力的较多消费也是一种转移补贴和隐性收入。由统一定价转移到阶梯电价后对电量的节约也间接起到了收入再分配作用。根据《杭州统计年鉴》，杭州市电量年增长率在实施阶梯定价前保持在 15% 以上，而使用后则下降到 6% ~ 12%。同时，递增价格也减少了高收入人群的电费补贴额。

（二）分时定价对阶梯定价再分配效应效率成本的动态影响

早在 1980 年，我国就开始了电力行业的分时定价试点，到 2002 年，全国普遍实行了分时电价制度。2013 年 12 月底，国家发改委出台了《关于完善居民阶梯电价制度的通知》，明确提出要在 2015 年底前，在全国范围内制定并颁布居民用电峰谷电价政策，全面推行居民用电中峰谷与阶梯相结合的混合定价方式。

在对阶梯定价再分配效应的效率成本估计基础上，考虑到杭州实施的是分时定价与阶梯定价镶嵌的复合定价政策，我们将进一步分析分时定价对效率成本的影响。根据分时定价的理论和政策分析，分时定价具备调节峰谷电量的功能，但并不具备再分配效应功能，那么嵌入到阶梯定价中的分时定价对再分配效应是阻碍还是促进呢？具体分析结果如表 5-11 所示。

表 5-11　　　　杭州市家庭效率成本分时变化

		峰时				谷时			
	收入（万元）	2009	2010	2011	平均	2009	2010	2011	平均
电量	<0.8	101.7	111.7	114.6	109.4	93.2	100.2	101.6	98.4
	0.8~1.5	109.3	123.6	129.5	120.9	100.6	110.6	117.3	109.5
	>1.5	135.0	139.5	160.0	144.8	97.3	102.1	120.2	106.5
	<0.8	0.0	0.0	0.1	0.0	-0.1	0.0	0.1	0.0
	0.8~1.5	-0.4	-0.4	-0.2	-0.3	-0.5	-0.5	-0.5	-0.5
	>1.5	-0.9	-0.6	-1.3	-0.9	-0.3	-0.1	-0.7	-0.4
人均	月平均福利损失（元）	-0.4	-0.3	-0.5	-0.4	-0.3	-0.2	-0.4	-0.3
	低收入福利损失占比（%）	-0.2	-3.4	-7.5	-3.6	8.1	6.3	-7.4	1.6
	中等收入福利损失占比（%）	29.8	40.9	16.4	28.1	62.0	83.0	44.6	59.5
	高收入福利损失占比（%）	70.4	62.4	91.1	75.6	29.9	10.8	62.9	38.9
		峰时				谷时			
	收入（万元）	2009	2010	2011	平均	2009	2010	2011	平均
总计	<0.8	0.3	3.7	12.2	5.2	-8.3	-4.8	9.3	-1.7
	0.8~1.5	-31.2	-31.3	-18.4	-28.0	-43.4	-43.4	-38.7	-43.5
	>1.5	-18.7	-11.9	-25.6	-18.9	-5.3	-1.4	-13.6	-7.2
	月社会福利损失（万元）	-49.7	-39.5	-31.8	-41.6	-57.0	-49.6	-43.0	-52.4

	收入（万元）	峰时				谷时			
		2009	2010	2011	平均	2009	2010	2011	平均
总计	占总电费比例（%）	0.2	0.2	0.1	0.2	0.3	0.2	0.2	0.2
	低收入福利损失占比（%）	-0.6	-9.4	-38.4	-12.6	14.5	9.6	-21.6	3.3
	中等收入福利损失占比（%）	62.9	79.2	57.9	67.2	76.2	87.5	89.9	83.0
	高收入福利损失占比（%）	37.7	30.2	80.4	45.4	9.3	2.8	31.7	13.7
	第一类福利损失百分比（%）	45.9	41.4	39.4	42.0	51.3	47.2	44.8	47.6
	第二类福利损失百分比（%）	54.1	58.6	60.6	58.0	48.7	52.8	55.2	52.4
	峰谷福利损失占比（%）	46.5	44.3	42.5	44.3	53.5	55.7	57.5	55.7

由三年间峰谷电量的变化可知，2009 年和 2010 年，中等收入人群的谷时电量均超过高收入人群，导致谷时高收入人群的福利损失小于中等收入人群，虽然峰时高收入人群的福利损失高于中等收入人群，但仍导致 2010 年中等收入人群的峰谷总福利损失大于高收入人群，这与收入越高的阶层应承担更多效率成本的原则不符。

由表 5 - 11 可知，总效率成本中，谷时效率成本更大。从比例上看，三年内峰时效率成本占比均小于 50%，且随着分时阶梯定价的深入，峰时福利损失占比由 2009 年的 46% 下降到 42%。同时，在峰时电量大于谷时的情况下，谷时福利损失总量也大于峰时，且谷时效率成本占电费的比例也更高。这可能是因为分时定价下峰时电量转移到了谷时，这同时也导致谷时效率成本加大。

峰谷分时定价阻碍了收入再分配效应的深化。2009 ~ 2010 年间，高收入人群的谷时电量消费低于中等收入人群，导致中等收入人群而不是最高收入人群在谷时的福利损失最大。甚至出现了在某些场景中高收入人群的福利损失小于低收入人群，福利得益高于低收入人群[①]，这违背了再分配要趋于公平的原则，谷时阶梯定价的再分配效果受到严重影响。如果考虑不同收入人群在峰谷间差异化的弹性[②]，如表 5 – 8 所示，会发现分时定价下谷时的单个中等收入家庭福利损失比高收入家庭要多 32.9%，这削弱了再分配的公平效应。

同时，峰谷定价下，最高档谷时阶梯定价价格仍将可能低于纯统一定价价格，这将可能导致由统一定价转向分时阶梯定价时，谷时用电量不会下降，反而会上升，这很好地起到了削峰填谷、提高发电利用效率的作用，但在电力价格存在大量补贴情况下，对促进公平的收入再分配效应起到了阻碍作用。

5. 4

小结

本章利用 2009～2011 年杭州居民用电和问卷调查月度数据，通过理论模型与实证分析，估算了阶梯定价下收入再分配效应的效率成本。首先，构建理论模型说明当定价方式由统一定价转换阶梯定价时，为实现递增阶梯定价的收入再分配功能，调节电费在各收

---

① 如 2010 年当 $e = 0.26$ 时，高收入人群的谷时福利损失小于低收入人群的谷时福利损失，原因在于虽然高收入人群谷时的电量消费仍然稍高于低收入人群，但高收入人群的谷时电量较低收入人群更为分散，高收入人群谷时电量位于第一阶梯内的占比为17.4%，而低收入人群谷时电量位于第一阶梯内的比例为 21.2%，同时其他高收入人群谷时的消费量超过第一阶梯，但由于第二阶梯长度较宽（150 度），使得此时高收入人群超过第一阶梯的消费同时又没有超过第二阶梯，即高收入人群谷时的低消费电量者享受了更多的低价，而高消费电量者未处于更高的阶梯高价。

② 表 5 – 8 中不同收入人群在峰谷间差异化价格弹性（峰时：0.06/0.31/0.21；谷时：0.16/0.36/0.26）所得的研究结论与使用表 5 – 11 所得研究结论完全一致。且由于差异化价格弹性中，中等收入人群的弹性更大，差异化价格弹性导致中等收入人群比高收入人群的福利损失更多。

入人群中更公平的分配，面临更高电价的用户的消费者剩余将有所损失，而加总的社会总福利也将下降，此即收入再分配的效率成本。其次，将此效率成本分解为第一类和第二类效率成本，并分别估算。最后，在基于对电力需求弹性分析的基础上，又研究了阶梯定价下杭州市单个家庭与社会的效率成本值，对不同收入人群的福利动态变化进行分析，并对杭州市镶嵌在阶梯定价中的分时定价在再分配效应上的影响进行了评估。

本章的研究结论主要有 4 点。

第一，第二类效率成本（即电量消费选择偏离最优量导致的效率成本）仍然较大，需加强对消费者使用阶梯定价等复杂定价方式的宣传普及。大量经验研究表明，在阶梯定价下，由于阶梯跳跃的尖点较难识别，由计量误差和用户消费选择性地偏离最优行为所产生的误差导致消费者对最优电量的选择存在严重偏误，这需要阶梯定价的执行者采取多种措施对阶梯定价的结构、特征、实施规则等进行普及教育。

第二，阶梯定价的收入再分配效应较弱，需配以其他措施才能促使阶梯定价实现足够强的收入再分配目标。实证结果显示，杭州市电费收入占居民总收入的比例仅为 0.5% ~2.5%，而家庭福利损失占电费总支出的比例 0.18% ~0.66%，社会福利损失占 GDP 的比重也仅为 0.002%，杭州市三级阶梯电价的收入再分配功效不是很大，可通过加大阶梯间价差、提升高档阶梯价格等方式来增强阶梯定价调节收入再分配的功能。

第三，阶梯分档不合理将严重影响收入再分配原则在不同收入档人群中的实施，需根据消费者习惯制定更合理的分档电量。杭州用户电量消费特征显示，当前杭州市三级阶梯定价所设置的第一档太小，第二档太宽，并未对中档和高档收入人群通过三级阶梯定价进行甄别。尤其在谷时的电量消费中，高档收入人群的消费，要么位于第一档内，与低收入人群争享第一阶梯低价福利，要么处于第二档内，未达到第三档内，使其未受阶梯高价的再分配效应约束。

因此，对各阶梯的数量分档应根据消费者家庭特征制定，使不同类型消费者进入不同阶梯范围内，从而实现收入再分配目的。

第四，峰谷分时定价不利于收入再分配。从促进公平与收入再分配的角度，应慎用峰谷定价。对于不同收入档人群，由于各自需求弹性存在差异，峰谷间的电量转移不一致。当前杭州市所采用的分时定价，导致中等收入人群谷时的社会福利损失最大，而不是高收入者。不同定价结构之间功效可能会相会抵消，因此在阶梯定价中嵌入分时定价，可能会削弱公平效应。在电价体系设计中，可针对峰谷时段的不同消费特征，采用几种定价组合方式进行电价设计。如日本东京电力公司，其电价结构为白天峰时采用阶梯定价，晚上谷时采用统一定价，取得了较好效果。

第 *6* 章

研究结论、政策启示与研究展望

价格作为电力市场中最为核心的部分，在促进竞争，提高市场运营效率和优化资源配置方面起着非常重要的作用。因此，对价格机制的优化与改进，有利于推动整个电力市场改革。作为直接面向消费者的终端销售电价，其变化不仅影响到上游生产、发送、输配环节，对下游消费者和整个社会的生产、生活也都会产生影响。因此，由于牵涉各方利益且顾虑重重，终端销售电价的改革进展较为缓慢。在2009年《关于加快推进电价改革的若干意见》推出后，发改委决定积极研究推出居民用电领域的阶梯定价。定价模式的转变是电价改革中迈出的重要一步，实施的经验和效果不仅对其他行业和部门的电力价格制定提供了依据，也为阶梯定价在其他领域的实施起到一定示范作用。根据国内外实施现状，本书针对阶梯电价进行了系统分析，重点研究了结构特点和规律，影响实施和结构设计的因素，以及对消费者需求和社会福利带来的影响。本章将对前文研究成果作一个总结，在此基础上给出相应政策建议，最终指出本书的不足以及研究展望。

6. 1

研究结论

在对阶梯电价进行了系统分析后，对其实施现状与效果有了较为细致的了解，虽然分析过程可能存在一些缺陷，但现有结论对定价政策的调整与修改仍有一定参考与借鉴意义。

第一，国内阶梯电价结构较为平缓。为了减少实施的阻力和居民的反对情绪，无论是3个试点地区的电价结构，还是后来全国统一大范围实施的电价结构，总体来看均较为平缓，与国外较大的电量与电价增幅相比，国内已低于其平均水平。

第二，阶梯电价的实施与设计受内外部因素的共同影响。本书从实证角度验证了社会经济因素和用电情况会对阶梯电价的实施起到一定作用。在决定阶梯电价引入因素中，社会基尼系数越高，实施IBP的几率就越大；居民平均用电价格越高，实施IBP的几率就越小。在档数设计上，全社会人均用电量、平均温度、电价倍数越高，越能提高设计的档数值，而居民平均用电价格越高，越降低档数值；另外，发达国家引入的阶梯电价档数一般低于发展中国家的档数设置。更进一步地，在此基础上，对国内IBP的引入及档数的设计进行了检验，验证了引入三档结构的合理性。

第三，阶梯电价实施后，居民用电需求有了一定变化。运用加总后的模型对中国居民电力需求行为进行分析，得出统一定价下全国居民电力需求的价格弹性为 −0.3，IBP引入后变为 −1 左右，介于有弹性与无弹性的分界点。经过进一步分析，本书认为阶梯定价的引入使得弹性前后变化较大。通过引入交叉项进行识别，结果显示是定价结构的差异造成了此情况的发生，即相对统一定价，IBP特殊的定价结构使得居民对用电量更关注，使用上也更谨慎。由此可知，居民用电领域实施IBP的政策确实取得了一定效果，它有效提高了居民对自身用电行为的关注，促使居民节约、合理用电。

第四，阶梯电价确实起到了再分配作用，但同时也造成了效率损失。IBP实施后，再分配效应虽然有一定实现，但程度较弱，需要借助其他措施才能强化。另外，由于公平的实现必然伴随着效率的损失，收入再分配也造成了部分居民福利上的损耗。实证结果显示，家庭福利损失占电费总支出的比例 0.18% ~ 0.66%，社会福利损失占 GDP 的比重为 0.002%。因此，如何在社会性目标和经济性目标间进行取舍或权衡，是政策制定者需要考虑的主要问题。

第五，峰谷分时定价不利于收入再分配目标的达成。从促进公平与收入再分配的角度，应慎用峰谷定价。对于不同收入档人群，由于各自需求弹性存在差异，峰谷间电量转移不一致，对杭州居民来讲，导致中等收入人群谷时社会福利损失最大，而不是高收入人群。因此，不同定价结构之间的功效可能会相会抵消，阶梯定价中嵌入分时定价可能会削弱公平效应。当然如果对定价结构进行调整，或针对峰谷时段不同的消费特征，采用几种定价组合的方式进行电价设计，可能会削弱这种情况的发生几率。

6.2

政策启示

对国外电价结构设计的分析，以及国内现有定价方式和定价结构的研究，可在各方面对电价改革提供一定政策和经验启示。本节将从结构设计、社会影响、电力改革三方面给出相应政策建议。

6.2.1 结构设计启示

中国居民电价的改革还处在初步阶段，实施过程中不可避免出现许多问题，通过对中国阶梯电价实施情况的总结与分析，并与国外相比较，本书认为居民电价还存在进一步调整的空间。

第一，消除地域间电价不公平现象。全国的阶梯电价是由各地根据自身经济发展情况和居民承受能力等因素制定，经过对比发现，一些发展与民生指数相对较高地区的电价较低，而一些指数较低地区的电价反而较高，这在一定程度上形成了新的不公平。其实，由于首档电价绝大部分都是延续之前的水平，故这种"发达地区低电价，欠发达地区高电价"的局面是长久形成并一直存在的，且在阶梯电价改革时仍未得到合理有效的解决。因此，鉴于阶梯电价的公平性目标，各地应在全面测算电力成本的基础上，结合其他地区的生活水平与经济发展程度，争取使低收入地区的用电价格低于或不高于高收入地区，在全国范围内形成合理、公平、可行的价格机制。

第二，保证定价结构的合理性。首先，由于各地并未规定定价结构的调整周期，随着时间的增加，居民正常用电量必然会随着经济及生活水平的提高而逐步提高，且非常容易突破第一档而上升到高电价区域内，造成全体居民用电成本上升，因此，要保证定价结构的合理性，必须要进行动态调整，设置调整周期与调整标准；其次，在阶梯定价下，即使针对同一目标人群，不同定价结构的实施也会带来不同效果，定价结构要配合不同时期的政策要求进行，但需要注意经济性目标与社会性目标之间的取舍和权衡，必要时可通过引入其他定价方式的办法来协调各项政策的达成；社会性目标的有效实现需要更为陡峭的定价结构。根据前文估计结果与结论，在现有阶梯定价结构下，再分配效应其实并不明显，主要在于定价结构的设计较为平缓。若对社会性目标的需求较为强烈，可在保证低收入者基本用电需求的情况下，缩短各档之间的电量容量，同时进一步提高较高档数上的电价，档数越高，总体价格和加价幅度就越大，可有效实现收入转移与再分配。

第三，考虑实行统筹协调的分时阶梯电价。在 2012 年的电价方案中，一些地区考虑到季节、丰枯水及高低谷时期的用电情况，在制定阶梯电价的同时也制定了分时电价。但与阶梯电价不同的是，这种辅助性定价并非强制性的，以峰谷电价来讲，都是由居民自愿申请执行。因此，申请此电价的大部分都是对价格比较敏感或在谷时用电比较多的住户。下一步，可考虑将分时与阶梯电价强制性结合在一起，以便在节约电力的同时更好地协调不同时段用电量，降低电力供应成本。

第四，进一步细化阶梯电价方案。由于中国各地发展情况不同，居民生活水平存在很大差距，各个城市和城乡间的用电情况有很大不同。另外，以户为单位的计费方式使得人口数较多的家庭非常容易进入到高档次上去。因此，阶梯电价方案需进一步细化，要根据发展情况的不同在城市与农村设置不同电价方案，不同城市之间也应能自主制定适合自己的电价，同时，也要考虑家庭人口数问题，对于人口较多的家庭适当放宽电量。如此才能合理贴近居民实际用电情况，减少电价设置不合理因素，在维护居民基本用电量的同时提高居民节约用电积极性。

第五，警惕不同定价方式相结合造成的效用抵消。对峰谷和阶梯结合使用的用户样本分析后，本书得出峰谷分时定价一定程度上会与阶梯定价的效果相抵消。因此，组合式的定价结构在能够满足不同人群多样需求的同时，不当的使用可能还会在效用上存在着相互冲突。这就要求政策制定者在制定实施之前必须充分考量，论证不同定价结构下不同消费者行为以及最终效果，以合理实现相应政策目标。

6.2.2 社会影响启示

第一，警惕传导性通货膨胀。IBP 的实施是否会导致传导性的通货膨胀，尚未得到相应的证实。但短期来看，国内的阶梯定价结构较为平缓，在首档上涵盖了 89% 的用户，大多数居民的用电支出并未受到影响，因此，对通货膨胀的影响微乎其微。但也有学者认为，阶梯定价的本质是垄断情形下的第二类价格歧视，虽然并不会如农产品、石油等能够参与生产环节的资源在价格提升时对社会生产的影响要大，但后果迟早会显现出来。特别是当 IBP 要实行分时期、分阶段的动态调整时，更需要考虑对通货膨胀率的影响。

第二，注意效率与公平间的平衡。效率与公平一直是社会发展中努力兼顾的两个目标。一般而言，效率的提高会削弱公平，而对公平的过多关注则会损害相应效率，如何在二者之间寻求平衡，是政策制定者在实施 IBP 时首要考虑的问题。对于社会上存在的低收入者和弱势群体，给予相应免费电量或按低价购买的基础电量，对于高收入者或用电较多的群体，征收较高价格，可实现相应再分配，以保证公平。而与此同时，还需要考虑公平的实现所带来的效率损失以及社会可承受的损失程度，以此来合理制定价格结构。

第三，促进消费者对定价结构的了解与认识。阶梯电价在实施之初，受到不少质疑与反对，不少人认为阶梯电价无非等同于变相涨价，这大部分源于对阶梯电价制定的初衷和原则不甚了解。实际中，涨价对于绝大多数居民没有任何影响或影响很小。由于首档价格并不上调（甚至还稍有降低），80% 以上家庭用电支出并不会增加。因此，阶梯电价的实施，一方面不会使低收入居民因价格上涨而降低了生活水准，另一方面会提高高收入、高用电量居民的用电成本，抑制无度用电，从而节约资源。因此，消费者应从更为客观、公平的角度理解定价结构的改变，以根据价格合理调整自身用电行为。

另外，为了引导居民合理用电，除了阶梯定价外，一些地区还出现了阶梯与分时相结合形成的更为复杂的价格结构。但其目标实现的前提是消费者能准确了解并知悉各种收费方式，当不愿也不想花费较多时间成本在这上面，使得价格无法调节需求量时，所有的定价方式也就失去了制定的目的和意义。因此，认真做好定价结构的宣传，促进消费者对不同收费方式的了解和认识，适当针对不同的人群推出不同的资费套餐，不仅能使人们理解并支持价格改革，减少电力市场改革阻力，还能消除选择性地偏离最优行为所产生的误差，使不同定价方式扬长避短，充分发挥各自优势，以最大化实施的作用和效果（如日本东京电力公司，其电价结构为白天峰时采用阶梯定价结构，晚上谷时采用统一定价结构，取得了较好的效果）。

6.2.3　电力改革启示

第一，促进电力体制改革的制度建设。电力体制改革，实际上是一个制度建设、体系形成过程。全面推进电力体制改革，就需要进行顶层设计与制度建设，提供系统地政策配套措施。在电力体制改革中，政府的职能逐渐从行政审批转向市场监管，这是电力市场化的必然方向。制度建设最主要的目的就是在有效监管的基础上维护市场秩序，在保证公平竞争的同时维护各方利益，特别是对于一些垄断环节来说，明确市场各个参与主体的身份和角色，确保各司其职、各行其道。电价问题作为整个电力改革的核心问题，已形成了较为完整的改革思路，并且也在努力制度化，在此基础上，应继续提供系统地配套政策措施，推进整体电力改革的制度建设。

第二，继续深入推进电力体制改革。虽然电价改革只是电力体制改革很小的一部分，但却占据着非常重要的位置，其成功与否关系着整个电力体制改革的顺畅完成。反之，电力体制的进一步深化，也将有利于理顺价格机制，促进合理、竞争的价格体制建设。因此，要在电价改革的基础上，进一步推动整个电力体制改革。完善政企分开、厂网分开、主辅分开，按照"管住中间，放开两头"的体制架构，有序开放输配以外的竞争性环节电价，有序向社会资本放开配售电业务，有序放开公益性和调节性以外的发用电计划；推进交易机构相对独立、规范运行，继续深化对区域电网建设和适合中国国情的输配体制研究；进一步强化政府监督和电力的统筹规划，强化电力的高效运行和可靠供应。

第三，加快实现相配套的软件和硬件。由于水、电、气等资源型产品的定价结构由传统统一定价为主更多的转向阶梯定价方式，且随着价格改革的渐渐深入，峰谷定价、季节定价等分时定价也将逐渐与阶梯定价相结合，形成更为复杂的计费方式，加之为平衡用电量而引入的不同计费周期（月、年）等，这些新政策的实施都直接带来计量方式的转变，许多操作技术与方法在新定价结构的基础上都必须要保持科学性、灵活性、智能性、准确性和实时性。这就要求进一步完善相应配套措施，软件与硬件都要更加先进与智能化。

以电网为例，随着定价结构调节用电需求的能力越来越强，用电量的变化也越来越频繁。电力作为一种即时产生即时消费的商品，一旦输送就不可回收。如何在短时期内监视、控制每个用户和电网节点，保证从电厂到终端用户整个输配过程所有节点之间的信息和电能准确无误地双向流动，关系着千家万户、各行各业的正常用电和安全用电，这对电网的运营和管理也提出很大的挑战。而智能电网的建设则会保证有效提供持续、安全、经济、有效的电力，实现对用户的可靠的电力供应和增值服务。现有智能电网的建设在中国乃至全世界都处在初步阶段，对其的建立是一个巨大的历史性工程，虽然很多复杂的项目正在进行，但缺口仍是巨大的。智能电网的建设能够起到使电网逐步扩展到促进能源、资源优化配置、保障电力系统安全稳定运行、提供多元开放的电力服务、推动产业发展等多方面的作用，对其的投资建设和生产运营都将会对国内经济发展、能源生产与利用、环境保护等带来巨大收益。

因此，推进相关配套设施的替换与改进，改善产、输、配过程中的装置和设备，是必须也是必要的。这不仅能有效提高电力系统的安全性和供电可靠性，降低损耗、提高效率，使电力产业有序、安全、健康地提供多方面服务，更进一步的深化电力体制改革，还能节能减排，促进清洁能源的生产与消费，实现资源的可持续，让人们的生活更便捷、经济、低碳和舒适。

6.3

研究展望

中国阶梯定价政策还处于全面实施的初期，无论在理论上还是实践中都处于探索的初步阶段。在定价实施前，学界主要集中于对结构设计的探讨，但较为粗略和浅显，真正深入定价机制内部，研究类型与结构的选择，或最优定价机制的设计问题，还需待进一步的理论分析，其难度与复杂度也将会加大。

在实施后的效果分析上，随着基于微观主体行为的微观计量理论的蓬勃发展，现有的分析技术已日渐注重阶梯定价结构的特殊性，并逐步趋于完善。由于考虑了消费者异质性，微观计量方法未来会进一步应用到实际分析中，特别是在探讨阶梯定价下的需求效用和实施效果，以及对效率和公平如何进行权衡和取舍等问题的研究上，将进一步发挥更大作用。由于组合定价形式在实际中的价格结构更为复杂，考虑因素更多，因此，未来除了对现有阶梯定价问题开发出更深邃、复杂的估计技术外，还需针对组合定价的方式做方法上的探索和效果上的分析，虽然过程较为艰难，但对实际的应用则起到很好的指导作用。

鉴于阶梯定价理论上能够改善供给方效益，并相对更灵活的反映市场需求的作用，因此，对阶梯定价的研究不应仅仅限于消费者一方，对供给方成本、收益以及效率的研究也是十分重要的。随着相关数据的进一步放开，对供给方的研究也应成为重要的部分，以评估阶梯定价带来的真正社会福利或损失。随着定价政策的不断调整，为达到更多目标，努力贴合实际用电情形，以及平衡不同群体间的受益，单一的阶梯定价必然会与其他定价方式相结合，形成更为复杂的定价组合（现有部分地区已实行这种模式）。因此，对组合定价效果的研究也是未来发展的方向之一。

另外，围绕多政策目标下新增追求收入再分配、资源节约和环保等目标对效率的影响研究还需继续深化、深入，同时在家庭收入、家庭规模和家庭构成等信息不对称下，如何提升阶梯定价政策制定和实施的效力也是值得国内学术界研究的主题。受数据限制，本研究未就复杂定价下的消费者究竟对哪种类型的边际（或平均）价格反应做出进一步细分，以及根据除收入外的其他因素（如家庭规模与结构、教育程度、家庭电器设备等）对效率成本进行分类估算等，这些都是后续可能的研究方向。

参 考 文 献

[1] 陈建长, 黄锟宁. 基于需求侧响应的上网侧与售电侧峰谷分时电价联动机制 [J]. 系统工程, 2006 (10): 88 - 91.

[2] 丁伟, 袁家海, 胡兆光. 基于用户价格相应和满意度的峰谷分时电价决策模型 [J]. 电力系统自动化, 2005 (20): 10 - 14.

[3] 方燕. 阶梯定价理论——一个综述 [J]. 南方经济, 2012 (12): 94 - 106.

[4] 方燕. 递增阶梯定价——一个综述 [J]. 经济评论, 2011 (5): 130 - 138.

[5] 方燕, 张昕竹. 连续递增定价、交易成本与递增阶梯定价的渐进有效性 [J]. 世界经济, 2014 (7): 167 - 192.

[6] 冯永晟. 非线性定价组合与电力需求 [J]. 中国工业经济, 2014 (2): 45 - 57.

[7] 黄海涛, 程瑜, 王晓晖. 居民阶梯电价结构的国际经验及启示 [J]. 价格理论与实践, 2012 (4): 38 - 39.

[8] 黄海涛, 张粒子, 乔慧婷, 杜宁. 基于变密度聚类的居民阶梯分段电量制定方法 [J]. 电网技术, 2010 (11): 111 - 116.

[9] 黄海涛. 居民分时阶梯电价联合优化模型 [J]. 电网技术, 2012 (10): 253 - 258.

[10] 雷霞, 刘俊勇. 四川省峰枯季节和峰谷分时电价的状况分析 [J]. 电力技术经济, 2006 (3): 41 - 44.

[11] 李成仁, 余嘉明. 日韩居民阶梯电价经验与启示 [J]. 能源技术经济, 2010 (10): 56 - 61.

[12] 李媛，罗琴，宋依群，徐剑，蔡磊，顾俊．基于需求响应的居民分时阶梯电价档位制定方法研究 [J]．电力系统保护与控制，2012（18）：65 – 68.

[13] 李宇，王艳君，白杰，尹祥宇，高立艾．梯度峰谷分时电价联合优化模型 [J]．河北农业大学学报，2012（6）：100 – 104.

[14] 李虹，董亮，谢明华．取消燃气和电力补贴对我国居民生活的影响 [J]．经济研究，2011（2）：100 – 112.

[15] 李东升，姚娜娜，余振红．国有企业混合所有制改造中股东间利益博弈分析 [J]．经济与管理研究，2017，38（2）：44 – 50.

[16] 李东升，杜恒波，唐文龙．国有企业混合所有制改革中的利益机制重构 [J]．经济学家，2015（09）：33 – 39.

[17] 刘自敏，张昕竹，方燕，田露露．递增阶梯定价、收入再分配效应和效率成本估算 [J]．经济学动态，2015a（3）：31 – 43.

[18] 刘自敏，张昕竹，方燕，余颖丰．递增阶梯电价的收入分配作用：嵌入分时电价更有效吗？ [J]．经济理论与经济管理，2015b（5）：51 – 65.

[19] 刘自敏，张昕竹，杨丹．纯分时定价与分时阶梯定价对政策目标实现的对比分析 [J]．数量经济技术经济研究，2015c（6）：120 – 134.

[20] 刘树杰，杨娟．关于阶梯电价的研究 [J]．价格理论与实践，2010（3）：12 – 14.

[21] 罗运虎，刑丽冬，王勤，金艳，孙秀娟，吴娜，王传江．峰谷分时电价用户响应建模与定价决策综述 [J]．华东电力，2008（6）：24 – 27.

[22] 赖佳栋，杨秀苔，王成亮，熊小伏．考虑电力系统运行风险的峰谷分时电价研究 [J]．中国电力，2009（3）：26 – 29.

[23] 谭忠富，王绵斌，张蓉，乞建郿，王成文．发电侧与供

电侧峰谷分时电价联动的分级优化模型 [J]. 电力系统自动化,2007 (21): 26 - 34.

[24] 谭忠富,于超,姜海洋. 用户端峰谷分时电价对发电端节煤影响分析模型 [J]. 系统工程理论与实践,2009 (10): 94 - 101.

[25] 田露露. 中国阶梯电价的实施及其改进 [J]. 中国物价,2014 (11): 44 - 47.

[26] 田露露,张昕竹. 递增阶梯定价研究综述——估计方法、价格选择及实施效果测算 [J]. 产业经济评论,2015 (1): 1 - 16.

[27] 吴运生,钟文,蒋叶青. 峰谷分时电价的现状分析与发展趋势探讨 [J]. 电力技术经济,2005 (2): 10 - 14.

[28] 杨娟,刘树杰. 阶梯电价的国际实践 [J]. 中国经贸导刊,2010 (10): 27 - 28.

[29] 曾鸣,李娜,刘超. 基于效用函数的居民阶梯电价方案的节电效果评估 [J]. 华东电力,2011 (8): 1215 - 1219.

[30] 曾鸣,吴建宏,刘超,王涛. 考虑多元因素的居民阶梯电价评估 [J]. 华东电力,2012 (3): 359 - 362.

[31] 曾鸣,孙昕,赵庆波,赵永亮,尹桂音,林海英. 上网侧和销售侧峰谷分时电价联动与整体优化的方法及实证分析 [J]. 电力需求侧管理,2003 (4): 9 - 13.

[32] 张粒子,黄海涛,归三荣. 中国居民阶梯电价分段电量制定方法研究 [J]. 价格理论与实践,2010 (3): 26 - 27.

[33] 张粒子,黄海涛,归三荣. 中国居民阶梯电价水平制定方法研究 [J]. 价格理论与实践,2010 (4): 44 - 45.

[34] 张粒子. 中国居民阶梯式递增电价制度的探讨 [J]. 价格理论与实践,2010 (2): 9 - 10.

[35] 张昕竹. 阶梯定价、实时定价及其潜在影响 [J]. 改革,2011 (3): 121 - 125.

［36］张昕竹，田露露．阶梯电价实施及结构设计［J］．财经问题研究，2014（7）：23－29.

［37］张昕竹．阶梯定价不如实时定价［J］．中国改革，2010（12）：121－125.

［38］张昕竹，刘自敏．《分时与阶梯混合定价下的居民电力需求——基于 DCC 模型的分析》［J］．经济研究，2015（3）：146－158.

［39］张红燕，崔雪．峰谷分时电价与阶梯电价的联合设计及研究［J］．广西电力，2013（4）：12－15.

［40］赵娟，谭忠富，李强．中国峰谷分时电价的状况分析［J］．现代电力，2005（2）：82－85.

［41］朱柯丁，宋艺航，谭忠富．居民生活阶梯电价设计优化模型［J］．华东电力，2011（6）：862－866.

［42］植草益（日）．微观规制经济学［J］．北京：中国发展出版社，2002.

［43］Adamowicz W L, Graham – Tomasi T, Fletcher J J. Inequality constrained estimation of consumer surplus ［J］. Canadian Journal of Agricultural Economics∕Revue canadienne d'agroeconomie, 1989, 37 (3): 407 – 420.

［44］Agthe, D. E., Billings, R. B., Dobra, J. L., and Raffiee, K., A Simultaneous Equation Demand Model for Block Rates ［J］. Water Resources Research, 1986, 22 (1): 1 – 4.

［45］Agthe, D. E., Billings, R. B., Equity, Price Elasticity, and Household Income under Increasing Block Rates for Water ［J］. American Journal of Economics and Sociology, 1987, 46 (3): 273 – 286.

［46］Aigner D J, Poirier D J. Electricity demand and consumption by time-of-use: A survey ［M］. Electric Power Research Institute, 1979.

［47］Alberini A, Filippini M. Response of Residential Electricity Demand to Price: The Effect of Measurement Error ［J］. Energy Economics, 2011, 33 (5): 889 –895.

[48] Alberini A, Gans W, Velez – Lopez D. Residential Consumption of Gas and Electricity in the US: The Role of Prices and Income [J]. Energy Economics, 2011, 33 (5): 870 –881.

[49] Al – Quanibet, M. H. , Johnston, R. S. , Municipal Demand for Water in Kuwait: Methodological Issues and Empirical Results [J]. Water Resources Research, 1985, 21 (4): 433 –438.

[50] Allcott, H. , Rethinking Real-time Electricity pricing [J]. Resource and Energy Economics, 2011, 33 (4): 820 –842.

[51] Alston J M, Larson D M. Hicksian vs. Marshallian Welfare Measures: Why do we do What we do? [J]. American Journal of Agricultural Economics, 1993, 75 (3): 764 –769.

[52] Arie, K. , Modelling Individual Choice: The Econometrics of Comers, Kinks, and Holes [M]. 1991, Oxford: Wiley Blackwell.

[53] Atkinson, A. B. , Stiglitz, J. E. , The Design of Tax Structure: Direct versus Indirect Taxation, Journal of Public Economics, 1976, 6 (1): 55 –75.

[54] Arbués, F. , Garcıa – Valiñas, M. Á, Martınez – Espiñeira, R. Estimation of Residential Water Demand: A State-of-the-art Review [J]. The Journal of Socio – Economics, 2003, 32 (1): 81 – 102.

[55] Auffhammer M, Blumstein C, Fowlie M. Demand-side management and energy efficiency revisited [J]. The Energy Journal, 2008: 91 – 104.

[56] Bacharach, M. , Vaughan, W. J. , Household Water Demand Estimation, 1994, Inter – American Development Bank Working Paper ENP106.

[57] Balling Jr, R. C. , Gober, P. , Climate Variability and Residential Water Use in the City of Phoenix, Arizona [J]. Journal of Applied Meteorology and Climatology, 2007, 46 (7): 1130 – 1137.

［58］ Bar – Shira Z, Finkelshtain I, Simhon A. Block-rate versus Uniform Water Pricing in Agriculture: An Empirical Analysis ［J］. American Journal of Agricultural Economics, 2006, 88 (4): 986 – 999.

［59］ Bar – Shira Z, Finkelshtain I, Simhon A. Block-rate versus Uniform Water Pricing in Agriculture: An Empirical Analysis ［J］. American Journal of Agricultural Economics, 2006, 88 (4): 986 – 999.

［60］ Baerenklau K A, Schwabe K A, Dinar A. The Residential Water Demand Effect of Increasing Block Rate Water Budgets ［J］. Land Economics, 2014, 90 (4): 683 – 699.

［61］ Bhat C R, Castro M, Khan M. A New Estimation Approach for the Multiple Discrete – Continuous Probit (MDCP) Choice Model ［J］. Transportation Research Part B: Methodological, 2013, 55: 1 – 22.

［62］ Billings, R. B. , Agthe, D. E. , Price Elasticities for Water: A Case of Increasing Block Rates ［J］. Land Economics, 1981, 57 (2): 276 – 278.

［63］ Billings R. B. Specification of Block Rate Price Variables in Demand Models ［J］. Land Economics, 1982, 58 (3): 386 – 394.

［64］ Billings, R. B. , Day, W. M. , Demand Management Factors in Residential Water Use: The Southern Arizona Experience ［J］. Journal of the American Water Works Association, 1989, 81 (3): 58 – 64.

［65］ Binet M E, Carlevaro F, Paul M. Estimation of residential water demand with imperfect price perception ［J］. Environmental and Resource Economics, 2014, 59 (4): 561 – 581.

［66］ Blázquez L, Boogen N, Filippini M. Residential electricity demand in Spain: new empirical evidence using aggregate data ［J］. Energy economics, 2013, 36: 648 – 657.

［67］ Blomquist, S. , Restrictions in Labor Supply Estimation: Is

the MaCurdy Critique Correct? [J]. Economics Letters, 1995, 47 (3):
229 – 235.

[68] Blomquist, S. , Selin, H. , Hourly Wage Rate and Taxable
Labor Income Responsiveness to Changes in Marginal Tax Rates, Journal
of Public Economics, 2010, 94 (11): 878 – 889.

[69] Blundell, R. , MaCurdy, T. , Labor Supply: A Review of
Alternative Approaches, in *Handbook of Labor Economics* (Vol. 3, Part
A), Eds. by Ashenfelter, O. C. and Card, D. , Amsterdam: Elsevi-
er. , 1999: 1559 – 1668.

[70] Boiteux, M. , Le "Revenu Distribuable" et les Pertes Econ
omiques [J]. Econometrica, Journal of the Econometric Society, 1951:
112 – 133.

[71] Boiteux, M. , La tarification des demandes en pointe: Ap-
plication de la théorie de la vente au coût marginal [M]. 1949, place
Henri – Bergson.

[72] Boogen N, Datta S, Filippini M. Estimating Residential Elec-
tricity Demand in Switzerland Using Household Survey Data: The Role of
Appliance Stock [J]. 2013.

[73] Borenstein, S. , The Long-run Efficiency of Real-time Elec-
tricity Pricing [J]. The Energy Journal, 2005: 93 – 116.

[74] Borenstein, S. , To What Electricity Price Do Consumers
Respond? Residential Demand Elasticity under Increasing-block Pricing,
2009, Available at http: //faculty. haas. berkeley. edu/borenste/.

[75] Borenstein, S. , Regional and Income Distribution Effects of
Alternative Retail Electricity Tariffs, Energy Institute At Haas Working
Paper, 2011, No. 225.

[76] Borenstein, S. , The Redistributional Impact of Non-linear
Electricity Pricing, American Economic Journal: Economic Policy,
2012, 4 (3): 56 – 90.

[77] Borrmann, J., A Simple Characterization of the Second-best Two-part and Block-rate Tariffs Theory and Applications [J]. Annals of Public and Cooperative Economics, 2003, 74 (2): 205 – 228.

[78] Bös, D., Pricing and Price Regulation: An Economic Theory for Public Enterprises and Public Utilities [M]. 1994, Amsterdam: Elsevier.

[79] Brown, F. L., Hoffman, L., Baxter, J. D., New Way to Measure Price Elasticity, Electrical World, 1975, 184 (12): 52 – 54.

[80] Brown G, Johnson, M. B., Public Utility Pricing and Output under Risk [J]. The American Economic Review, 1969: 119 – 128.

[81] Burtless, G., Hausman, J. A., The Effect of Taxation on Labor Supply: Evaluating the Gary Negative Income Tax Experiment, The Journal of Political Economy, 1978, 86 (6): 1103 – 1130.

[82] Burtraw D, McLaughlin D, Szambelan S J F. For the Benefit of California Electricity Ratepayers: Electricity Sector Options for the Use of Allowance Value Created under California's Cap-and – Trade Program [J]. Resources for the Future DP, 2012: 12 – 24.

[83] Cader H A, Marsh T L, Peterson J M. Predicting Household Water Consumption Under a Block Price Structure [C] //2004 Annual Meeting, June 30 – July 2, 2004, Honolulu, Hawaii. Western Agricultural Economics Association, 2004 (36241).

[84] Carlton, D. W., Peak Load Pricing with Stochastic Demand [J]. The American Economic Review, 1977, 67 (5): 1006 – 1010.

[85] Carter, D. W. and Milon, J. W., Price Knowledge in Household Demand for Utility Services [J]. Land Economics, 2005, 81 (2): 265 – 284.

[86] Carter, A., Craigwell, R. Moore, W., Price Reform and

Household Demand for Electricity [J]. Journal of Policy Modeling, 2012, 34 (2): 242 –252.

[87] Cavanagh S M, Hanemann W M, Stavins R N. Muffled Price Signals: Household Water Demand under Increasing – Block Prices [J]. 2002.

[88] Chao, H., Peak Load Pricing and Capacity Planning with Demand and Supply Uncertainty [J]. The Bell Journal of Economics, 1983, 14 (1): 179 –190.

[89] Chetty, R., Friedman, J. N., Olsen, T., et al., Adjustment Costs, Firm Responses, and Micro vs. Macro Labor Supply Elasticities: Evidence from Danish Tax Records [R]. National Bureau of Economic Research, 2009.

[90] Chern W S. Exact Welfare Measures of the Price Effects of the US Dairy Program: Discussion [J]. American Journal of Agricultural Economics, 1991, 73 (5): 1520 –1522.

[91] Chicoine, D. L. and Ramamurthy, G., Evidence on the Specification of Price in the Study of Domestic Water Demand, Land Economics, 1986, 62 (1): 26 –32.

[92] Chipman, J. S., Moore, J. C., Compensating Variation, Consumer's Surplus, and Welfare, The American Economic Review, 1980, 70 (5): 933 –949.

[93] Cho S H, Kim T, Kim H J, et al. Regionally-varying and regionally-uniform electricity pricing policies compared across four usage categories [J]. Energy Economics, 2015, 49: 182 –191.

[94] Corral L, Fisher A C, Hatch N W. Price and Non-price Influences on Water Conservation: An Econometric Model of Aggregate Demand under Nonlinear Budget Constraint [J]. Department of Agricultural & Resource Economics, UCB, 1999.

[95] Creedy, J. and Duncan, A., Behavioural Microsimulation

With Labour Supply Responses, Journal of Economic Surveys, 2002, 16 (1): 1 – 39.

[96] Crespo – Tenorio A, Montgomery J M. A Bayesian Approach to Inference with Instrumental Variables: Improving Estimation of Treatment Effects with Weak Instruments and Small Samples [R]. Technical report, Washington University in St. Luis, 2013.

[97] Crew, M. A. , Kleindorfer, P. R. , Peak Load Pricing with A Diverse Technology [J]. The Bell Journal of Economics, 1976, 7 (1): 207 – 231.

[98] Crew, M. A. , Fernando, C. S. , Kleindorfer, P. R. , The Theory of Peak-load Pricing: A Survey [J]. Journal of Regulatory Economics, 1995, 8 (3): 215 – 248.

[99] Dandy, G. , Nguyen, T. and Davies, C. , Estimating Residential Water Demand in the Presence of Free Allowances [J]. Land Economics, 1997, 73 (1): 125 – 139.

[100] Dahan, M. , Nisan, U. , Unintended Consequences of Increasing Block Tariffs Pricing Policy in Urban Water [J]. Water Resources Research, 2007, 43 (3): 112 – 128.

[101] Darby, S. , The Effectiveness of Feedback on Energy Consumption [J]. A Review for DEFRA of the Literature on Metering, Billing and direct Displays, 2006, 486.

[102] Davidson, R. , MacKinnon, J. G. , Estimation and Inference in Econometrics [J]. Econometric Theory, 1995, 11 (3): 631 – 635.

[103] De Jong, G. C. , An Indirect Utility Model of Car Ownership and Private Car Use [J]. European Economic Review, 1990, 34 (5): 971 – 985.

[104] Deller, S. C. , Chicoine, D. L. , Ramamurthy, G, Instrumental Variables Approach to Rural Water Service Demand [J].

Southern Economic Journal, 1986, 53 (2): 333 - 346.

[105] De Bartolome, C. A. , Which Tax Rate Do People Use: Average or Marginal? [J]. Journal of Public Economics, 1995, 56 (1): 79 - 96.

[106] Denton F T, Mountain D C, Spencer B G. Energy demand with declining rate schedules: an econometric model for the US commercial sector [J]. Land Economics, 2003, 79 (1): 86 - 105.

[107] Dufty, Gavin. Electricity Pricing: Delivering Social Justice and Environmental Equity [online]. Just Policy: A Journal of Australian Social Policy, No. 46, Dec 2007: 66 - 72. Availability: < http: // search. informit. com. au/documentSummary; dn = 924530174636871; res = IELFSC > ISSN: 1323 - 2266. [cited 20 Sep 15].

[108] Faruqui, A. , Inclining toward Efficiency [J]. Public Utilities Fortnightly, 2008, 12 (8): 9 - 17.

[109] Faruqui, A. , George, S. , Quantifying Customer Response to Dynamic Pricing [J]. The Electricity Journal, 2005, 18 (4): 53 - 63.

[110] Faruqui, A. , Sergici S, Sharif, A. , The impact of informational feedback on energy consumption—A survey of the experimental evidence [J]. Energy, 2010, 35 (4): 1598 - 1608.

[111] Fell, H. , Li, S. , Paul, A. , A New Look at Residential Electricity Demand Using Household Expenditure Data, International Journal of Industrial Organization, 2014, 33 (2): 37 - 47.

[112] Filipović , S. , Tanić, G. , The Policy of Consumer Protection in the Electricity Market, Economic Annals, 2008, 53 (178 - 179): 157 - 182.

[113] Filippini, M. , Short-and Long-run Time-of-use Price Elasticities in Swiss Residential Electricity Demand [J]. Energy Policy, 2011, 39 (10): 5811 - 5817.

[114] Fischer, C., Feedback on Household Electricity Consumption: A Tool for Saving Energy? [J]. Energy efficiency, 2008, 1 (1): 79 – 104.

[115] Foster, H. S., Beattie, B. R., On the Specification of Price in Studies of Consumer Demand under Block Price Scheduling [J]. Land Economics, 1981a, 57 (4): 624 – 629.

[116] Foster, H. S., Beattie, B. R., Urban Residential Demand for Water in the United States: Reply [J]. Land Economics, 1981b, 57 (2): 257 – 265.

[117] Fullerton, D. and Gan, L., A Simulation-based Welfare Loss Calculation for Labor Taxes with Piecewise-linear Budgets [J]. Journal of Public Economics, 2004, 88 (11): 2339 – 2359.

[118] Fujii, E. T, Hawley, C. B., On the Accuracy of Tax Perceptions [J]. The Review of Economics and Statistics, 1988, 70 (2): 344 – 347.

[119] Garbacz C. Residential electricity demand: a suggested appliance stock equation [J]. The Energy Journal, 1984: 151 – 154.

[120] Garcia, S., Reynaud, A., Estimating the Benefits of Efficient Water Pricing in France [J]. Resource and Energy Economics, 2004, 26 (1): 1 – 25.

[121] Garcia – Valiñas, M. A., Efficiency and Equity in Natural Resources Pricing: A Proposal for Urban Water Distribution Service [J]. Environmental and Resource Economics, 2005, 32 (2): 183 – 204.

[122] Gaudin, S., Griffin, R. C., Sickles, R. C., Demand Specification for Municipal Water Management: Evaluation of the Stone – Geary Form [J]. Land Economics, 2001, 77 (3): 399 – 422.

[123] Gaudin S. Effect of price information on residential water demand [J]. Applied economics, 2006, 38 (4): 383 – 393.

[124] Gonçalves I, Alves D, Robalo G. Social tariffs for water

and waste services in mainland Portugal: An impact analysis [J]. Water Science & Technology: Water Supply, 2014, 14 (4): 513 – 521.

[125] Griffin, A. H. , Martin, W. E. Price Elasticities for Water: A Case of Increasing Block Rates: Comment [J]. Land Economics, 1981, 57 (2): 266 – 275.

[126] Hajispyrou S, Koundouri P, Pashardes P. Household demand and welfare: implications of water pricing in Cyprus [J]. Environment and Development Economics, 2002, 7 (4): 659 – 685.

[127] Hanemann, W. M. , Welfare Evaluations in Contingent Valuation Experiments with Discrete Responses [J]. American Journal of Agricultural Economics, 1984, 66 (3): 332 – 341.

[128] Hansen L G. Water and energy price impacts on residential water demand in Copenhagen [J]. Land economics, 1996: 66 – 79.

[129] Hausman, J. A. , Exact Consumer's Surplus and Deadweight Loss [J]. The American Economic Review, 1981, 71 (4): 662 – 676.

[130] Hausman, J. A. , Taxes and Labor Supply [R]. NBER Working Paper, No. 1102, 1983.

[131] Haveman R H, Gabay M, Andreoni J. Exact consumer's surplus and deadweight loss: A correction [J]. American Economic Review, 1987, 77 (3): 494 – 495.

[132] Heim, B. T. , Meyer, B. D. , Work Costs and Nonconvex Preferences in the Estimation of Labor Supply Models [J]. Journal of Public Economics, 2004, 88 (11): 2323 – 2338.

[133] Hewitt, J. A. , Hanemann, W. M. , A Discrete/Continuous Choice Approach to Residential Water Demand under Block Rate Pricing [J]. Land Economics, 1995, 71 (2): 173 – 192.

[134] Heckman, J. A. , Comment on ' Stochastic Problems in the Simulation of Labor Supply ', In Behavioral Simulation Methods in Tax

Policy Analysis [M]. Chicago: University of Chicago Press, 1983.

[135] Herter, K., McAuliffe, P., Rosenfeld, A., An Exploratory Analysis of California Residential Customer Response to Critical Peak Pricing of Electricity [J]. Energy, 2007, 32 (1): 25 – 34.

[136] Herrington, P., Organisation for Economic Co-operation and Development, *Pricing of water services* [M]. Paris: OECD, 1987.

[137] Herriges, J. A., King, K. K., Residential Demand for Electricity under Inverted Block Rates: Evidence from a Controlled Experiment [J]. Journal of Business & Economic Statistics, 1994, 12 (4): 419 – 430.

[138] Hewitt J. A., Watering Households: The Two-error Discrete-continous Choice Model of Residential Water Demand [D]. University of California, Berkeley, 1993.

[139] Horowitz J L. Estimating compensating and equivalent income variations from hedonic price models [J]. Economics Letters, 1984, 14 (4): 303 – 308.

[140] Houston, D. A., Revenue Effects from Changes in A Declining Block Pricing Structure [J]. Land Economics, 1982, 58 (3): 351 – 363.

[141] Houston, D. A., Revenue Effects from Changes in A Declining Block Pricing Structure: Reply [J]. Land Economics, 1983, 59 (3): 360 – 364.

[142] Houthakker, H. S., Electricity Tariffs in Theory and Practice [J]. The Economic Journal, 1951, 61 (241): 1 – 25.

[143] Howe C W, Linaweaver F P. The Impact of Price on Residential Water Demand and Its Relation to System Design and Price Structure [J]. Water Resources Research, 1967, 3 (1): 13 – 32.

[144] Hung M F, Chie B T. Residential Water Use: Efficiency, Affordability, and Price Elasticity [J]. Water Resources Management,

2013, 27 (1): 275 - 291.

[145] Ito, K., How Do Consumers Respond to Nonlinear Pricing? Evidence from Household Electricity Demand [R]. Energy Institute at Haas Working Paper, No. 210, 2010.

[146] Ito, K., 2014: Do Consumers Respond to Marginal or Average Price? Evidence from Nonlinear Electricity Pricing [J]. American Economic Review, 104 (2): 537 - 563.

[147] Jessoe, K., Rapson, D., Knowledge is (less) power: Experimental evidence from residential energy use [R]. National Bureau of Economic Research, No w18344, 2012.

[148] Jeong J, Kim C S, Lee J. Household electricity and gas consumption for heating homes [J]. Energy Policy, 2011, 39 (5): 2679 - 2687.

[149] Joskow P L, Wolfram C D. Dynamic Pricing of Electricity [J]. The American Economic Review, 2012: 381 - 385.

[150] Kleindorfer, P. R., Fernando, C. S., 1993: Peak-load Pricing and Reliability under Uncertainty [J]. Journal of Regulatory Economics, 5 (1): 5 - 23.

[151] Klaiber, H. A, Smith, V. K. and Kaminsky, M., Measuring Price Elasticities for Residential Water Demand with Limited Information [J]. Land Economics, 2014, 90 (1): 100 - 113.

[152] Kluger, A. N., DeNisi, A., The effects of feedback interventions on performance: a historical review, a meta-analysis, and a preliminary feedback intervention theory [J]. Psychological bulletin, 1996, 119 (2): 254.

[153] Laffont J J, Tirole J. A theory of incentives in procurement and regulation [M]. MIT press, 1993.

[154] Lavín F V, Dale L, Hanemann M, et al. The Impact of Price on Residential Demand for Electricity and Natural Gas [J]. Cli-

matic Change, 2011, 109 (1): 171 – 189.

[155] Liebman, J. B. , *The Impact of the Earned Income Tax Credit on Incentives and Income Distribution* [M]. Cambridge: MIT Press, 1998.

[156] Liebman, J. B. and Zeckhauser, R. J. , Schmeduling [R]. Harvard University Working Paper, Available at http://www. hks. harvard. edu/jeffreyliebman/schmeduling. pdf, 2004.

[157] Lijesen, M. G. , The Real-time Price Elasticity of Electricity [J]. Energy Economics, 2007, 29 (2): 249 – 258.

[158] Liu X, Lee L F. Two-stage least squares estimation of spatial autoregressive models with endogenous regressors and many instruments [J]. Econometric Reviews, 2013, 32 (5 – 6): 734 – 753.

[159] Lyman R A. Peak and off-peak Residential Water Demand [J]. Water Resources Research, 1992, 28 (9): 2159 – 2167.

[160] Lyon, T. P. , Laffont, J. J. and Tirole, J. , A Theory of Incentives in Regulation and Procurement Assessing Empirical Approaches for Analyzing Taxes and Labor Supply [J]. 1994, 89 – 93.

[161] MaCurdy, T. , Green, D. , Paarsch, H. , 1990: Assessing Empirical Approaches for Analyzing Taxes and Labor Supply [J]. Journal of Human Resources, 25 (3): 415 – 490.

[162] Maddock, R. , Castano, E. , The Welfare Impact of Rising Block Pricing: Electricity in Colombia [J]. The Energy Journal, 1991, 12 (4): 65 – 77.

[163] Madhoo Y N. Redistributive Impact of Increasing Block Residential Water Rates: Some Empirical Evidence from Mauritius [J]. Water Policy, 2011, 13 (4): 471 – 489.

[164] Mansur E T, Olmstead S M. The value of scarce water: Measuring the inefficiency of municipal regulations [J]. Journal of Urban Economics, 2012, 71 (3): 332 – 346.

[165] Mas – Colell, A. , Whinston, M. , Green, J. , *Microeconomic Theory* [M]. Oxford University Press, 1995.

[166] Martinez – Espineira, R. , Estimating Water Demand under Increasing-block Tariffs Using Aggregate Data and Proportions of Users per Block [J]. Environmental and Resource Economics, 2003, 26 (1): 5 – 23.

[167] Martínez – Espiñeira, R. , Nauges, C. , Is Really All Domestic Water Consumption Sensitive to Price Control? [J]. Applied Economics, 2004, 36 (15): 1697 – 1703.

[168] Matsukawa, I. , The Effects of Information on Residential Demand for Electricity [J]. The Energy Journal, 2004, 25 (1): 1 – 17.

[169] Ma X, Zhang S, Mu Q. How Do Residents Respond to Price under Increasing Block Tariffs? Evidence from Experiments in Urban Residential Water Demand in Beijing [J]. Water Resources Management, 2014, 28 (14): 4895 – 4909.

[170] McFadden, D. , Puig, C. , & Kirschner, D. , Determinants of The Long-run Demand for Electricity [C] // Proceedings of the American Statistical Association, Business and Economics Section, 1997, 1: 109 – 19.

[171] McFadden, D. , 1999: To-pay in Random Utility Models [J]. Trade, Theory, and Econometrics: Essays in honour of John S. Chipman, Eds. by Melvin, J. R. , Moore, J. C. and Riezman, R. , London: Routledge.

[172] Meran, G. and von Hirschhausen, C. R. , Increasing Block Tariffs in the Water Sector: A Semi-welfarist Approach, German Institute for Economic Research Discussion Paper, No. 902, 2009.

[173] Miyawaki, K. , Omori, Y. , Hibiki, A. , Exact Estimation of Demand Functions under Block – Rate Pricing [J]. Econometric Reviews (ahead-of-print), 2014, 1 – 33.

[174] Mirrlees, J. A. , An Exploration in the Theory of Optimum Income Taxation [J]. The Review of Economic Studies, 1971, 38 (2): 175 – 208.

[175] Moffitt, R. , The Econometrics of Piecewise-linear Budget Constraints: A Survey and Exposition of the Maximum Likelihood Method [J]. Journal of Business & Economic Statistics, 1986, 4 (3): 317 – 328.

[176] Moffitt, R. , The Econometrics of Kinked Budget Constraints [J]. The Journal of Economic Perspectives, 1990, 4 (2): 119 – 139.

[177] Morss M F, Small J L. Deriving electricity demand elasticities from a simulation model [J]. The Energy Journal, 1989: 51 – 76.

[178] Nataraj, S. , Hanemann, W. M. , Does Marginal Price Matter? A Regression Discontinuity Approach to Estimating Water Demand, Journal of Environmental Economics and Management, 2011, 61 (2): 198 – 212.

[179] Narayan P K, Smyth R, Prasad A. Electricity consumption in G7 countries: A panel cointegration analysis of residential demand elasticities [J]. Energy policy, 2007, 35 (9): 4485 – 4494.

[180] Naughton M C. Regulatory preferences and two-part tariffs: the case of electricity [J]. Southern Economic Journal, 1989: 743 – 758.

[181] Nauges, C. and Martínez – Espiñeira, R. , 2001: Identifying Fixed and Variable Shares of Residential Water Consumption Using the Stone – Geary Utility Function, Annual Meeting of the Atlantic Canada Economics Association in Fredericton, New Brunswick.

[182] Nakajima T. The residential demand for electricity in Japan: an examination using empirical panel analysis techniques [J]. Journal of Asian Economics, 2010, 21 (4): 412 – 420.

[183] Neary J P, Roberts K W S. The theory of household behaviour under rationing [J]. European economic review, 1980, 13 (1): 25 – 42.

[184] Nieswiadomy, M. L. , Molina, D. J. , 1988: Urban Water Demand Estimates under Increasing Block Rates [J]. Growth and Change, 1988, 19 (1): 1 – 12.

[185] Nieswiadomy, M. L. and Molina, D. J. , 1989: Comparing Residential Water Demand Estimates under Decreasing and Increasing Block Rates Using Household Data [J]. Land Economics, 1989, 65 (3): 280 – 289.

[186] Nieswiadomy, M. L. , Cobb, S. L. , Impact of Pricing Structure Selectivity on Urban Water Demand [J]. Contemporary Economic Policy, 1993, 11 (3): 101 – 113.

[187] Nordin, J. A. , A Proposed Modification of Taylor's Demand Analysis: Comment [J]. Bell Journal of Economics, 1976, 7 (2): 719 – 721.

[188] Ohsfeldt, R. L. , Specification of Block Rate Price Variables in Demand Models: Comment [J]. Land Economics, 1983, 59 (3): 365 – 369.

[189] Olmstead S M. Water supply and poor communities: what's price got to do with it? [J]. Environment: Science and Policy for Sustainable Development, 2003, 45 (10): 22 – 35.

[190] Olmstead, S. M. , Hanemann W. M. , Stavins, R. N. , Water demand under alternative price structures [J]. Journal of Environmental Economics and Management, 2007, 54 (2): 181 – 198.

[191] Olmstead, S. M. , Reduced-form versus Structural Models of Water Demand under Nonlinear Prices [J]. Journal of Business & Economic Statistics, 2009, 27 (1): 84 – 94.

[192] Opaluch, J. J. , Urban Residential Demand for Water in

the United States: Further Discussion [J]. Land Economics, 1982, 58 (2): 225 –227.

[193] Opaluch, J. J., A Test of Consumer Demand Response to Water Prices: Reply [J]. Land Economics, 1984, 60 (4): 417 –421.

[194] Opitz, E. M., Kiefer, J. C. and Davis W. Y., Residential End Uses of Water [M]. Denver CO: AWWA Research Foundation and American Water Works Association, 1999.

[195] Panagopoulos G P. Assessing the impacts of socio-economic and hydrological factors on urban water demand: A multivariate statistical approach [J]. Journal of Hydrology, 2014, 518: 42 –48.

[196] Pashardes, P. and Hajispyrou, S., Consumer Demand and Welfare under Increasing Block Pricing [R]. University of Cyprus Department of Economics, Discussion Paper, 2002, No. 2002 –07.

[197] Pint E M. Household responses to increased water rates during the California drought [J]. Land economics, 1999: 246 –266.

[198] Qi, F. et al, 2008: An application of ramsey pricing in solving the cross-subsidies in Chinese electricity tariffs [C]. Electric Utility Deregulation and Restructuring and Power Technologies. DRPT 2008. Third International Conference on. IEEE, 2008: 442 –447.

[199] Rauf T, Siddiqi M W. Pricing Policy Effectiveness is Domestic Water Demand Management [J]. Water Management, 1 –27.

[200] Reiss, P. C., White, M. W., Household Electricity Demand, Revisited [J]. The Review of Economic Studies, 2005, 72 (3): 853 –883.

[201] Reiss, P. C., White, M. W., Evaluating Welfare with Nonlinear Prices [R]. NBER Working Paper No. 12370, 2006.

[202] Renwick M E, Archibald S O. Demand side management policies for residential water use: who bears the conservation burden? [J]. Land economics, 1998: 343 –359.

[203] Renzetti, S. , Evaluating the Welfare Effects of Reforming Municipal Water Prices [J]. Journal of Environmental Economics and Management, 1992, 22 (2): 147 – 163.

[204] Renwick, M. E. , Green, R. D. Do residential water demand side management policies measure up? An analysis of eight California water agencies [J]. Journal of Environmental Economics and Management, 2000, 40 (1): 37 – 55.

[205] Rietveld, P. , Rouwendal, J. , Zwart, B. , Block Rate Pricing of Water in Indonesia: An Analysis of Welfare Effects [J]. Bulletin of Indonesian Economic Studies, 2000, 36 (3): 73 – 92.

[206] Ruijs, A. , Welfare and Distribution Effects of Water Pricing Policies [J]. Environmental and Resource Economics, 2009, 43 (2): 161 – 182.

[207] Saez, E. , Do Taxpayers Bunch at Kink Points? [J]. American Economic Journal: Economic Policy, 2010, 2 (3): 180 – 212.

[208] Saez, E. , Slemrod, J. , Giertz, S. H. , The Elasticity of Taxable Income with Respect to Marginal Tax Rates: A Critical Review [J]. Journal of Economic Literature, 2012, 50 (1): 3 – 50.

[209] Schoengold K, Zilberman D. The Economics of Tiered Pricing and Cost Functions: Are equity, Cost recovery, and Economic efficiency compatible goals? [J]. Water Resources and Economics, 2014, 7: 1 – 18.

[210] Sexton, R. J. , Sexton, T. A. , Wann, J J. W. , et al. , The Conservation and Welfare Effects of Information in a Time-of-Day Pricing Experiment [J]. Land Economics, 1989, 65 (3): 272 – 279.

[211] Spence, M. , Nonlinear Prices and Welfare [J]. Journal of Public Economics, 1977, (8): 1 – 18.

[212] Strong, A. , Goemans, C. , The Impact of Real-time Quantity Information on Residential Water Demand [J]. Water Resources

and Economics, 2015, 130 (10): 1 –13.

[213] Schefter J E. Increasing block rate tariffs as faulty transmitters of marginal willingness to pay [J]. Land Economics, 1987: 21 –33.

[214] Shin, J. S. , Perception of Price When Price Information is Costly: Evidence from Residential Electricity Demand [J]. The Review of Economics and Statistics, 1985, 67 (4): 591 –598.

[215] Steiner, P. O. , Peak Loads and Efficient Pricing [J]. The Quarterly Journal of Economics, 1957, 71 (4): 585 –610.

[216] Strong A, Goemans C. The impact of real-time quantity information on residential water demand [J]. Water Resources and Economics, 2015.

[217] Sueyoshi, T. , "Tariff structure of Japanese electric power companies: An empirical analysis using DEA" [J]. European Journal of Operational Research, 1999, 118 (2): 350 –374.

[218] Taylor, T. N. , Schwarz, P. M, Cochell, J. E. , 24/7 Hourly Response to Electricity Real-time Pricing with up to Eight Summers of Experience [J]. Journal of regulatory economics, 2005, 27 (3): 235 –262.

[219] Taylor, L. D. , The Demand for Electricity: A Survey [J]. The Bell Journal of Economics, 1975, 6 (1): 74 –110.

[220] Taylor R G, McKean J R, Young R A. Alternate price specifications for estimating residential water demand with fixed fees [J]. Land Economics, 2004, 80 (3): 463 –475.

[221] Tchigriaeva E, Lott C, Kimberly R. Modeling effects of multiple conservation policy instruments and exogenous factors on urban residential water demand through household heterogeneity [C] //2014 Annual Meeting, July 27 –29, 2014, Minneapolis, Minnesota. Agricultural and Applied Economics Association, 2014 (170605).

[222] Terza, J. , Welch, W. , Estimating Demand under Block

Rates: Electricity and Water [J]. Land Economics, 1982, 58 (2): 181 – 188.

[223] Terza J. V. , Determinants of Household Electricity Demand: A Two-stage Probit Approach [J]. Southern Economic Journal, 1986, 52 (4): 1131 – 1139.

[224] Timmins C. Does the median voter consume too much water? Analyzing the redistributive role of residential water bills [J]. National Tax Journal, 2002: 687 – 702.

[225] Visscher, M. L. , Welfare-maximizing Price and Output with Stochastic Demand: Comment [J]. The American Economic Review, 1973, 63 (1): 224 – 229.

[226] Vaage K. Heating technology and energy use: a discrete/ continuous choice approach to Norwegian household energy demand [J]. Energy Economics, 2000, 22 (6): 649 – 666.

[227] Wales, T. J. , Woodland, A. D. Labour Supply and Progressive Taxes [J]. The Review of Economic Studies, 1979, 46 (1): 83 – 95.

[228] Waldman D M. A Discrete/Continuous Choice Approach to Residential Water Demand under Block Rate Pricing: Comment [J]. Land Economics, 2005, 81 (2): iii.

[229] Whittington, D. , Possible Adverse Effects of Increasing Block Water Tariffs in Developing Countries [J]. Economic Development and Cultural Change, 1992, 41 (1): 75 – 87.

[230] Wichman C J. Perceived price in residential water demand: Evidence from a natural experiment [J]. Journal of Economic Behavior & Organization, 2014, 107: 308 – 323.

[231] Willig, R. D. , Pareto-superior Nonlinear Outlay Schedules [J]. The Bell Journal of Economics, 1978, 9 (1): 56 – 69.

[232] Williams, M. , Estimating Urban Residential Demand for

Water under Alternative Price Measures [J]. Journal of Urban Economics, 1985, 18 (2): 213 – 225.

[233] Williams M, Suh B. The demand for urban water by customer class [J]. Applied Economics, 1986, 18 (12): 1275 – 1289.

[234] Wilson, R. B., Nonlinear pricing [M]. Oxford University Press, 1993.

[235] Wilson, R., Pricing and Mechanism Design [M]. Elsevier Science Publishers, 1995.

[236] Wolak, F. A., Residential Customer Response to Real-time Pricing: The Anaheim Critical Peak Pricing Experiment [J]. Center for the Study of Energy Markets, 2007.

[237] Wolak F A. Do Residential Customers Respond to Hourly Prices? Evidence from A Dynamic Pricing Experiment [J]. The American Economic Review, 2011: 83 – 87.

[238] Worthington A C, Hoffman M. An Empirical Survey of Residential Water Demand Modelling [J]. Journal of Economic Surveys, 2008, 22 (5): 842 – 871.

[239] You, J. S., Lim, S., 2013: Welfare Effects of Nonlinear Electricity Pricing [C]. Submission for the 37th International Association for Energy Economics International Conference, 2013.

[240] Yoo, J., Simonit, S., Kinzig, A. P. and Perrings, C., Estimating the Price Elasticity of Residential Water Demand: The Case of Phoenix, Arizona [J]. Applied Economic Perspectives and Policy, 2014, 36 (2): 333 – 350.

[241] Yoo, S. H., Lee, J. S., Kwak, S. J. Estimation of Residential Electricity Demand Function in Seoul by Correction for Sample Selection Bias [J]. Energy Policy, 2007, 35 (11): 5702 – 5707.

[242] Ziramba E. The Demand for Residential Electricity in South Africa [J]. Energy Policy, 2008, 36 (9): 3460 – 3466.

致　　谢

　　此书能够出版，要感谢我的至亲、恩师、同门、同学及好友在生活、学习、工作上给予的诸多关心、引导和帮助，同时也感谢所在单位——山东工商学院管理学院的支持，以及出版社老师们的辛苦付出。愿认识我的和我认识的人都能诸事顺利，身体健康，平安喜乐！

田露露

2018 年 3 月 20 日